KB264908

부동산 투자 1년 2배의 법칙

종잣돈 3천만 원으로 시작하는
부동산 투자 1년 2배의 법칙

초판 1쇄 발행 2016년 7월 1일
초판 2쇄 발행 2016년 7월 7일

지 은 이 송 순
발 행 인 권선복
편집주간 김정웅
디 자 인 최새롬
마 케 팅 정희철
전 자 책 신미경
인   쇄 천일문화사

발 행 처 도서출판 행복에너지
출판등록 제315-2011-000035호
주   소 (157-010) 서울특별시 강서구 화곡로 232
전   화 0505-613-6133
팩   스 0303-0799-1560
홈페이지 www.happybook.or.kr
이 메 일 ksbdata@daum.net

값 15,000원
ISBN 979-11-5602-384-5 13320

Copyright ⓒ 송 순, 2016

* 이 책은 저작권법에 따라 보호받는 저작물이므로 무단전재와 무단복제를 금지하며, 이 책의 내용을 전부 또는 일부를 이용하시려면 반드시 저작권자와 〈도서출판 행복에너지〉의 서면 동의를 받아야 합니다.

도서출판 행복에너지는 독자 여러분의 아이디어와 원고 투고를 기다립니다. 책으로 만들기를 원하는 콘텐츠가 있으신 분은 이메일이나 홈페이지를 통해 간단한 기획서와 기획의도, 연락처 등을 보내주십시오. 행복에너지의 문은 언제나 활짝 열려 있습니다.

종잣돈
3천만 원으로
시작하는

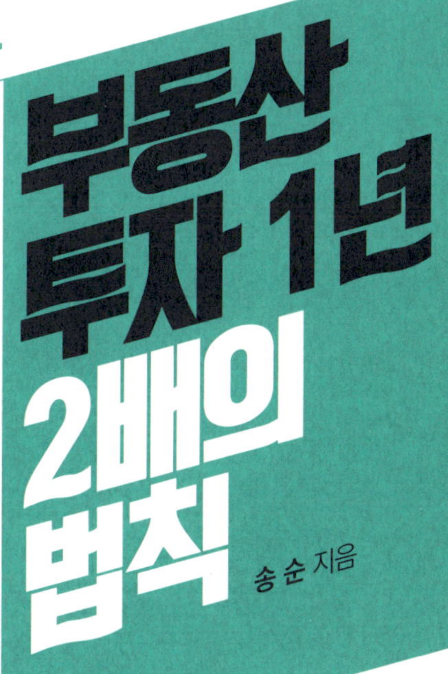

부동산
투자 1년
2배의
법칙

송 순 지음

도서
출판 행복에너지

　　의료기술의 급속한 발달 덕분으로 평균수명 80세를 넘어 100세 시대마저 얼마 남지 않았다. 우리 주변에서 80세를 훌쩍 넘은 고령임에도 젊은이들 못지않게 활력을 갖고 계신 분들을 어렵지 않게 찾아볼 수 있다. 하지만 2008년 이후 8년째 진행되고 있는 침체된 글로벌 경제상황은 급여생활자들에게 커다란 위협이 되고 있다. 그리고 한때 재계 30대 기업 순위를 넘나들던 동양그룹의 몰락, 자수성가의 신화로 여겨지던 웅진그룹 윤석금 회장의 퇴진, 한국조선 신화의 새로운 아이콘으로 부상하던 강덕수 회장의 몰락은 관련기업에 종사하던 이들에게는 뜻하지 않은 이직과 실업의 고통을 안겨줌으로써 인생 100세 시대가 오히려 고통으로 다가오고 있다.

　　공기업 부채 500조 시대에 접어들면서 정부는 2013년 말부터 관련 공기업에 강도 높은 구조조정을 주문하고 있다. 2014년 2월 초에는 대통령이 공기업 구조조정에 반대하는 어떤 반대세력도 용납하지 않겠다는 발언으로 의지를 재차 확인한 바도 있다. 불과 몇 년 전까지만 해도 신의 직장이라 불리며 안정적인 직장의 대명사로 높은 선호도를 보이던 이들 기업이었기에 격세지감마저 느끼게 한다. 글로벌 경제화에 따라 경쟁력 있는 부문만 살아남는 상황 속에서 정부는 실업률 감소책의 일환으로 의사, 한의사, 변호사, 회계사 등 소위 말하는 전문직의 일자리를 이런저런 명분으로 늘려간다. 하지만 이들 전문직마저 안정된 일자리를 찾기가 쉽지 않고, 이들의 사업마저 녹록지 않은 현실이 되었다.

지인들의 결혼식에 가 볼 때면 틀에 박힌 진행방식과 식후 대동소이하게 차려지는 음식 등 일상화된 패턴에 실망하면서도 그 틈새 안에서 보이는 신랑신부의 희망에 찬 얼굴을 보면서 누구나 행복할 권리가 있음을 확인하게 된다.

필자의 지나친 염려인지는 모르지만, 대부분의 사람들은 자신들이 어떤 직장에 마치 영원토록 다닐 것처럼 행동한다. 나의 눈에는 마치 오랫동안 생각 없는 교육패턴에 길들여진 사람들의 철없는 행동처럼 보이기만 한다. 짧지 않은 직장생활 속에서 부단히 저축하고 미래를 고민해도 부족한 현실임에도 결혼 초기, 70년대 유명가수 남진 씨가 불러 한때 히트했던 '님과 함께'의 한 소절인 '저 푸른 초원 위에 그림 같은 집을 짓고 사랑하는 우리 님과 한 백 년……'의 가

사처럼 그럴듯한 보금자리며 자동차며 집기며 마련하는 데 시간과 돈을 투자하며 허비한다. 그리고 몇 년 후 2세가 생기면 유치원이며 학원 등에 많은 사교육비를 지출하며 헤어나기 힘든 부채의 늪으로 빠져든다. 쓸 것 다 쓰며 살기 힘들다고 푸념을 하며 몇 푼 되지 않는 부모님의 노후자금 주변을 맴돈다. 우리가 언제부터 이렇게 편하게 살았던가? 요즘 새롭게 유행하는 역사 드라마 몇 편만 보아도 국가는 결코 국민들을 준비시켜 주지 않고 있음을 어렵지 않게 확인할 수 있다. 임진왜란, 6·25사변에서도 왕과 대통령은 백성들에게는 안심하라고 하며 자신들은 먼저 수도 서울을 떠나 몸을 피한다.

적잖은 과거의 사례는 국가의 위기상황이 올 때 평범한 백성들이 가장 큰 피해자가 됨을 보여주고 있다. 물론 무정부주의자가 되라는 말이 결코 아니다. 모두가 잘사는 나라는 결코 쉽지 않다는 것이 엄연한 우리의 현실이라는 것이다. 일부 종교계에서 말하는 파라다이스, 대권후보들이 선거철이면 어김없이 외쳐대는 '국민 모두가 잘사는 나라'는 결코 현실에서는 존재하지 않는다. 특히 요즘처럼 오랜 경기침체가 지속되어 사회 전체적으로 새로운 부가 창출되기 어려운 불황의 시대에는 더더욱 쉽지 않다. 이제는 국가의 개입이 어려워지는 글로벌 경제체제로 귀속되면서 국가의 중재 노력마저 쉽지 않아 개인 간의 부의 편차는 점점 더 심해지게 된다. 그러한 문제 해결에 작은 도움이라도 되었으면 하는 심정으로 '부자와 가난한 사람의 차이는 무엇일까?', '샐러리맨은 부자가 불가능한가?' 등의 문제를 고민하며 소형 주거용 부동산APT에 꾸준한 투자로 거둔 '2배의 법칙'과 관련한 내용들을 정리해 보았다.

무모해 보일 수도 있는 불황기 부동산 투자를 이해하며 지원해준 아내와 두 자녀들에게 감사의 말을 특별히 전한다.

2016년 초여름에

송슬

Part 1

불황기에도
투자에
관심을
기울여야
하는 이유

흔들리는 중산층

글로벌 시대, 심화되는 빈부격차

통신의 발달, 이동수단의 발달로 국가 간 교역, 교류는 그 어느 때보다 발전하고 있다. 이제 주변을 돌아보면 가까운 가족 중에 외국에 거주하거나 유학 중인 사람을 찾는 것이 어렵지 않은 현실이 되었다. 유럽은 EU라는 이름으로 단일 경제권에 들어섰고, 그곳을 여행하는 사람들은 국경이라는 개념을 인지하지 못할 정도로 쉽게 나라와 나라를 통과하며 여행하는 시대가 되었다. 우리의 대학가에 가보면 외국인 대학생이 한국어를 유창하게 하는 현실을 어렵지 않게 볼 수 있고 동남아시아 출신 부녀자가 농촌경제를 책임지는 시대가 되었다. 이 덕분에 단일민족 어쩌고 하는 말이 이제는 옛말이 된 지도 제법 되었다.

국가라는 영역의 경계가 허물어지는 글로벌 시대, 그중에서 우리의 삶에 가장 큰 영향을 미치는 것은 교역이 개방화되는 글로벌 경제화이다. '글로벌 경제화가 이렇게 가속화되는 것이 우리 삶에 도움이 되는가?'라는 질문을 가끔은 스스로에게 해보지만 수출 의존형 우리나라 경제구조로는 이미 퇴로가 없다는 생각이 든다. 대부분의 나라들이 상호 간의 문호를 개방하고 교류에 따른 세금들을 완화하고 있는데 그런 상황 속에서 '우리 경제만 소외되어 견뎌낼 수 있을까?' 불가능한 이야기이다. '피할 수 없다면 즐겨라.'라는 말이 있다. 하지만 경쟁력 있는 부분은 더욱 발전하고 경쟁력이 없는 부분은 위축이 가속화되어 존립조차 위협받게 되는 글로벌 경제구조하에서는 온 국민이 모두 행복한 경제구조 자체가 불가능한 현실이 되고 있다.

우리 경제도 점차 삼성과 현대차 등 몇몇 글로벌 수준의 경쟁력을 갖춘 기업 중심으로 그 의존도가 심화되고 있다. 상위권 2개 그룹과 나머지 그룹사 간의 매출은 물론 수익성에서 그 격차가 심하되고 있는데 기업 간 빈부격차의 우려가 점차 현실로 나타나고 있다. 개인이 당면하는 노후생활 준비환경도 과거처럼 연금이나 은행이자 등에 의존하여 쉽게 준비되는 상황이 지나 버렸다. 그 준비환경도 갈

피를 잡기 어려울 정도로 복잡해졌다. 글로벌 경제시대에 대한 준비가 잘되면 즐거운 제2의 인생이 되겠지만, 준비가 안 될 경우 그 누구도 비참한 노후에서 예외가 될 수 없다.

역사를 되돌아볼 때 글로벌 시대 하면 떠오르는 대표적인 인물은 칭기즈 칸이다. 그가 정복한 땅만 하여도 777만 평방킬로미터에 이른다. 알렉산더 대왕, 나폴레옹, 히틀러가 차지한 땅보다 넓다 하니 명실공히 세계 최고의 글로벌 리더라고 불려도 손색이 없다. 달리는 말로 구성된 기마병을 중심으로 유럽과 아시아의 대부분을 점령했는데 그 원동력에 대해 전문가들은 속도 중시, 정보화, 아웃소싱 등을 주로 손꼽는다. 오늘날 글로벌 시대의 성공의 요소들이 이미 800년 전 칭기즈 칸의 머리에는 자리 잡고 있었던 것이다.

이처럼 인간 칭기즈 칸은 불모지 땅인 몽골을 중심으로 무에서 유를 만들어낸 위대한 영웅임에 틀림없다. 하지만 그에게 점령당했을 아시아와 유럽의 수많은 기득권 세력을 생각해 볼 필요가 있다. 멀리 찾을 것 없이 우리나라만 하여도 고려시대 원의 침공으로 부마의 나라가 되어 자주권이 상실되었음은 물론, 매년 공녀라는 명목의 많은 여자들이 엄청난 조공품들과 함께 원으로 보내졌다. 원으로의 종속 이후 지속된 조공 및 공녀 송출정책으로 중산층이 몰락하고 평범한 가정이 와해되었는데 이로 인하여 피폐해졌을 당시의 경제상황은 굳이 역사책을 뒤지지 않아도 어렵지 않게 짐작할 수 있다.

글로벌 경제의 시대 외국의 대형자본이 몰려오고 있다. 금융권 투자 상품의 이름도 어려워지고 있고 나라경제도 글로벌 공조화라는 이름으로 그 변동성이 심해지고 있다. 정신 바짝 차리지 않으면 이제 평범한 중산층의 하류층으로의 위치이동은 시간문제이다.

* 선진국/후진국을 가리지 않고 증가하는 노숙자

약 20년 전 막 직장생활을 시작할 무렵 필자는 당시 근무하던 회사에서 운 좋게 4박 5일간의 일본 관광연수 기회를 얻은 바 있다. 도쿄, 오사카 등 주요도시를 돌아볼 기회가 있었는데 그중에서 기억에 남는 것 중의 하나가 오사카에 있는 비둘기가 많았던 어느 시민공원이었다. 그곳에서 뜻하지 않게 당시 우리에게는 생소했던 노숙자들이 생활하는 모습을 볼 수 있었는데 그때만 하여도 일본만의 특별한 모습으로 생각되었다.

하지만 십여 년 전부터 그러한 현실이 우리에게도 점착 익숙해져가고 있다. 2013년 말 모 TV 프로그램을 통하여 독일의 한 자선사업가가 자국의 노숙자를 위한 자선파티를 하는 모습을 시청한 적이 있는데 세계 5위의 경제대국 독일에도 이미 적지 않은 노숙자가 존재하고 있었다. 글로벌 경쟁체제의 심화에 따른 빈부격차, 이로 인하여 양산된 노숙인은 이제 선진국/후진국을 막론하고 양산되고 있다.

* 한계상황 서울 렌트푸어 27만~31만 가구

2014년 2월, 서울연구원에 따르면 전체 소득 대비 임차료(대출이자 포함) 비율이 30%가 넘는 임차료 과부담 가구는 서울에서만 약 26만 7,000가구로 서울 전체 가구의 7.6%에 해당하는 것으로 나타났으며 임차료를 지출하고 남는 소득(잔여소득)이 최소생계비에 미달하는 경우도 31만 1,000가구로 서울 전체 가구의 8.8%에 달하는 것으로 나타났다.

급변하는 부의 패러다임

97년 IMF사태를 겪으며, 우리에게 폭발적인 인기를 몰고 왔던 『부자 아빠 가난한 아빠』의 저자 로버트 기요사키는 성공한 일본계 미국인이다. 그는 부자의 개념을 자신이 소비하는 것보다 자산이 증가하고 있는 사람이라고 정의하였다. 부자들은 경제적 개념으로 볼 때 이유 여하를 막론하고 분배에 있어 상대적으로 유리한 위치를 점유하고 있는 사람들이다. 교과서에서 흔히 부는 열심히 노력하면 얻어진다고 이야기하고 있지만 부는 성실한 노력만으로 얻어지는 것이 절대 아니다. 부자들은 부의 가치가 변화하는 상황하에서 보통사람들(중산층, 서민 등)보다 더 많은 관심을 가지고 그 상황에 능동적으로 대처함으로써 기득권을 유지하고 있는 사람들이라 볼 수 있다.

국가, 사회, 기업 등이 보통사람들의 부에 대한 교육을 등한시하는 요즘 일반 급여생활자의 현실에 대한 안주는 중하류층으로의 위치이동을 가만히 기다리고 있는 것과 다를 게 없다. 빈부의 격차가 심화되고 부의 패러다임도 변화되면서 이에 능동적으로 대처하지 못하는 중산층의 설 자리가 다각도로 위협받고 있기 때문이다. 높은 경제성장률을 보인 지난 과거의 시기에는 누구나 잘 알듯이 대형 아파트의 평당 단가가 소형아파트 대비 평당 단가보다 높게 형성되었다. 하지만 2008년 글로벌 경제위기 이후로 점차 대형 아파트의 인기가 하락되었다. 참고로 광진구의 58평형과 잠실의 12평형의 아파트의 가치 변화 사례를 살펴보자.

2008년 외환위기 전 기준으로 광장동 W아파트 58평형은 최소 14억 원, 잠실의 12평 아파트는 2.5억 원대로 약 5.6배 정도의 가치 차이가 있었는데 불과 5~6년만인 2013년경에 W아파트 58평형은 최소 12억 원, 잠실의 12평 아파트는 4.3억 원대로 2.8배 차이로 줄어들게 된다. W아파트 소유자의 상대적 손실감이 상당함을 어렵지 않게 알 수 있다. 다음은 2013년 하반기 〈이데일리〉에 보도된 내용이다.

전북 군산시와 충남 공주시

전라북도의 대표적 항구도시 군산 버스터미널 북쪽으로 400 미터쯤 지나자 오른편에 슬레이트 지붕을 얹은 낡은 단독주택들이 즐비하다. 미로 같은 골목 안쪽에는 군데군데 거미줄이 쳐진 빈집들이 들어서 있다. 사람 손을 타지 않아 금방이라도 쓰러질 듯 위태로운 모습이다. 몰락한 어촌의 곳곳에 이런 공가와 폐가들이 산재해 있다. 이곳 주민의 말에 의하면 이곳은 새만금 방조제 설치로 어업을 못 하게 되면서 신도시 개발로 사람들이 떠나고 동네에 빈집만 늘어나고 있다고 한다. 옛 도심 중심가였던 중앙/영화/자미동 일대의 현재 모습은 황량하기까지 하다고 한다. 한때 시청, 법원 등 관공서가 운집하며 군산 최대 번화가였던 사실이 믿기 어려운 모습이라고 한다.

충남 공주의 경우를 보자. 공주는 인구 12만 명 규모의 농촌 중심도시다. 이곳에 들어선 주택 10채 중 3채는 입주한 지 20~30년이 된 노후주택이다. 구도심 지역에는 지은 지 50년이 넘은 주택도 꽤 많이 있다. 도시가스가 들어오지 않는 곳도 태반이다. 주민으로서는 집을 고쳐 사는 게 훨씬 편하지만 지금까지 그럴 형편이 못 됐다. 인구가 적은 지방 중소도시 특성상 아파트 분양 사업성을 기대하기 어려워 재개발·재건축사업은 엄두도 못 낼 판이다. 지방 곳간도 열악해 시 차원의 지원도 거의 없는 상태다.

인구 50만 명 미만의 지방 중소도시는 대부분 공주시와 비슷한 형편에 처해 있다. 박근혜 정부 들어 주거 복지에 대한 논의가 활발히 이뤄지고 있지만 지방 중소도시는 한참 비켜서 있다. 산업기반이 약해 인구는 갈수록 줄어드는 데다 경기 침체까지 맞물리면서 주거 환경이 급속히 슬럼화하고 있다는 게 전문가들의 분석이다. 그동안 정부의 부동산시장 활성화 정책에서 지방도시가 배제되면서 그대로 방치된 영향도 크다고 한다. 지방 중소도시는 지속적으로 인구가 줄고 고령화 비율은 높아질 것으로 전망되는 만큼 지방 중소도시에 대한 정책 마련이 시급하다.

이러한 부동산보다 더욱 변동성이 심한 곳은 주식시장이다. 최근 이 엔저현상에 따라 주요 수출업종에 대한 가치하락이 가시화되고 있다. 그보다 앞서 경기 민감주인 조선, 해운 등은 50% 이상 가치하락주를 찾아보기가 어렵지 않다.

개인은 개인이 가진 노동의 가치를 조직 혹은 소비자에게 직접 지불하고 그 대가를 받음으로써 생활한다. 또한 그 일부를 저축하며 노후를 준비하고 부를 꿈꾸기도 한다. 하지만 우리가 사는 자본주의 사회는 사회의 다양한 형태의 변동에 따라 부의 상대적인 가치가 빠르게 재편되고 있다. 최근 몇 년 사이 자신이 보유한 부동산 가격의 10% 이상 혹은 그 이상의 가치 하락을 경험한 사람을 주변에서 어렵지 않게 찾을 수 있다. 농촌의 경우만 하여도 2011년 말 300만 원 하던 송아지 가격이 2013년 말엔 200만 원대 밑으로 하락하여 인건비도 건지기 힘들다는 내용이 보도된 바도 있다.

웅진그룹이 승승장구하던 2000년대 중반 웅진 윤석금 회장에 대한 신화 이야기가 언론에 회자되면서 그의 자산가치가 1조 원에 달한다는 내용이 보도된 바 있다. 무려 1조 원이나 된다던 그의 자산은 지금 어디로 갔을까? 기업 가치 하락에 따른 개인 자산가치 하락이 상당 부분 차지하고 있음을 어렵지 않게 짐작할 수 있다.

2008년 이후 급등하던 금값이 2013년에는 20% 이상 하락하였다. 2008년 이후 달러 하락 예측이 주류를 이루던 시절 국내외 많은 경제학자들이 금값의 지속적인 상승을 예측함에 따라 한국은행에서도 금에 투자를 했는데 이에 따라 국고손실이 2013년 말 기준으로 상당액에 달하고 있다고 보도된 바도 있다.(물론 2016년 4월 현재는 최근의 국제 금값 상승으로 손실의 상당액이 만회되었을 것으로 추정된다.) 우리나라의 대표 경제학자로, 영국 캠브리지 대학 700년 역사 최초의 형제 교수로 유명한 장하준 교수도 한때 "경제이론이 현실에 맞지 않아 경제이론을 다시 써야 할 판"이라고 발언한 내용이 언론에 보도된 바도 있다. 급변하는 현대사회의 불확실성이 우리 삶을 팍팍하게 만들고 있다.

자산의 가치를 크게 구분해 볼 때 자산의 총 가치는 고정성Net 가치와 환경에 따라 변화되는 변동성 가치로 나눠 볼 수 있다. 변동성 가치는 경기 변동에 따라 그 크기가 변동되는 가치이며 고정성 가치는 경기 흐름과 관계없이 일정하게 인정받는 가치이다. 안정적인 노후준비를 위해서는 고정성 가치가 큰 자산을 중심으로 안정적인 투자를 하거나 경기흐름에 대한 나름의 안목을 키워 변동성 가치의 이동을 감지할 수 있는 능력을 가지고 있어야만 최소한 자신이 쌓아온 자산의 가치를 유지시킬 수 있다.

짧아지는 기업 수명

한때 재계서열 30위권을 넘나들던 동양그룹이 2013년 하반기 해체의 위기를 맞았다. 일부는 그룹에서 분리되고 일부는 대규모 구조조정을 수반하는 법정관리를 신청하고 그마저도 어려운 몇몇 계열사는 청산하는 절차를 진행하고 있다. 오랫동안 안정적인 이미지로 기억되던 기업이었기에 관련기업에 투자했던 투자자는 물론 일반인들에게까지 동양그룹의 몰락은 2013년 큰 충격으로 다가왔다.

참고로 국내 정유업계의 경우를 살펴보자. 20여 년 전만 하여도 건재하던 한화에너지는 SK에 흡수되면서 그 모습을 감추었고 극동정유는 현대정유로 변신을 하여 현재 회사는 건재하지만 현대그룹 계열로 인수 시점에 재직하던 과장급 이상의 상당수 직원이 자리를 떠났다. GS-Caltex 정유도 수년 전 영업부문을 중심으로 4~500여 명 규모의 명예퇴직을 단행한 것으로 언론에 보도되었다. 기업 스스로 변화하지 않으면 변화를 당하는 무서운 현실이 곳곳에서 진행 중이다.

* 대우자동차의 사례

대우는 1978년 새한자동차의 지분을 50% 인수하며 자동차사업에 뛰어들었다. 1978~1982년 GM과의 합작 기간 중에는 프린스, 르망, 에스페로 등의 제품을 출시·판매하였는데, 오히려 독자모델을 개발할 수 있는 기회를 놓치는 결과를 낳았다. 이후 1993년 GM으로부터 경영권을 인수한 이후 대우자동차로 개명하고, GM과 결별 이후 규모, 기술, 조달, 판매체제의 열세 만회와 세계화 추진으로 초고속 사업 확장을 추진하였다.

- 생산설비 확장 시도: 부평, 창원 공장에 이어 97년에는 군산 승용차 및 상용차 공장 완공

- 단기간 Full line-up 시도: 제품열세 극복을 위해 단기간에 Full Line up 체제구축을 시도하면서, 3개 독자모델을 개발하여 1997년 라노스, 누비라, 레간자 등을 출시

- 국내외 개발체제 및 본부개발인력을 증원 강화

- 영국 워딩기술센타 인수 및 세계 각지에 R&D 거점 확보

- 내수 판매, 수출 확대의 대공세

- 국내 판매, 정비 네트워크의 대폭 확충

- 급속한 수출 확대: 단기간에 해외 33개 판매법인 설립

- 해외생산 거점의 급격한 확장

- 5년간 13개 조립공장 인수 또는 설립(연 876,000대의 생산능력을 갖춤)

이러한 무분별한 사업 확장은 생산·판매기능과 제품 개발기능 간의 현저한 불균형, 소비자 요구의 변화에 기민하게 대응하는 제품 전략 구사의 어려움, 제품 준비기간에 생산설비·판매 인프라의 잉여상태 장기화(고정비용 끼니, 금융비용 낭비), 경차와 버스를 제외한 승용차의 전부문과 트럭부분에서 경쟁력 열세 장기화, 핵심부품인 엔진·오토트랜스미션 부문 열세 및 디젤엔진 부재 장기 지속 등으로 인하여 재무구조가 지속적으로 악화되게 만들었다.

이러한 높은 고정비율하에서의 비효율적 비용구조는 저조한 매출이익, 영업이익 등과 맞물려 높은 차입금의존도와 높은 부채비율의 회사로 연결되었으며, IMF외환위기를 거치며 2000년 급기야 회사 부도에 이르게 만들었다. 경쟁력 확보가 뒤따르지 않는 무리한 규모증가가 한 기업의 도산뿐만 아니라 급기야 국가경제의 경쟁력 약화라는 사태를 만들어 낸 경우이다.

* 일본 소니의 위기

2014년 1월 세계적 신용평가사에서는 '소니'를 '투자부적격' 회사로 신용등급을 낮췄다. 지금은 혹독한 구조조정을 거쳐 2015년에는 흑자를 기록할 정도로 정상화되었지만 당시 '소니'의 경우 그동안 쌓이고 쌓인 여러 가지 문제점들 외에 주력인 전자분야가 아닌 게임기 산업 등에 진출하는 등 시행착오로 어려운 경영환경에 직면하였던 것이다.

지금은 중장년이 된 7080 세대에게 1979년에 생산이 시작된 소니 '워크 맨'의 인기는 가히 폭발적이었다. 과거의 기억이긴 하지만 소니 '워크 맨'은 당시 젊은 층이 소유하고 싶은 최선호도 상품이었다. 이러한 일본산 워크맨 등 일본 전자제품에 대한 인기는 일본 여행시 필수코스로 일본 전자제품 종합시장인 아키하바라를 포함하게까지 만들었다.

하지만 일본 정부가 아베노믹스를 표방하며 제조업 등을 중심으로 한 산업 부활을 표방한지 1년 정도의 시점에 일본의 대표적 제조업체이자 한때는 세계 전자업계의 독보적인 기업으로 불리었던 소니의 위기가 발표되었으니 영원한 강자가 없는 글로벌 경제계의 현실을 느낄 수 있다.

* 중국에서 철수하는 한국 기업들

중국 시장에 진출해 승승장구하던 우리 기업들이 속속 사업을 축소하거나, 철수하고 있다는 내용이 국내언론에 보도된 바 있다. 특히 우리나라 중소기업들이 많이 진출하였던 산동성 지역에서는 업체 대표가 야반도주하는 사태까지 이른 곳도 부지기수여서 그 일대의 사회 문제화로 보도된 바도 있다. 삼성전자, LG전자 등은 휴대폰 생산의 주력시설을 이미 중국에서 베트남으로 옮긴 지 수년이 되었고 LG이노텍은 2015년 중국 푸저우법인을 처분하였다. 중국은 물론 해외진출의 성공신화로 여겨지던 두산인프라코어는 2013년 중국 쑤저우에 자리한 소형 굴착기 공장의 가동을 중단한 데 이어, 2015년에는 엔디이 생산 라인의 일부를 폐쇄하였다.

중국에 진출한 우리나라의 유통업체들의 경우도 대부분 상황이 좋지 않다. 2015년 롯데가 중국 사업에서 약 1조 원의 손실이 발생했다는 내용이 언론에 보도된 바도 있다. 롯데마트는 2013년 7곳,

2014년 8곳, 2015년 6곳 점포의 문을 닫았다. 이마트는 2010년 최대 27곳까지 늘렸던 점포를 8곳까지 줄였다. 그나마 위안이라면 2016년 1월 이랜드그룹이 주도하는 새로운 개념의 쇼핑몰이 상하이에서 폭발적으로 인기를 끌어 조만간 중국 내 200개 수준으로 확장한다는 소식이다.

흔들리는 중산층

남자의 경우 대학 졸업 후 28~9세경 직장을 잡고 31~2세경 결혼 생활을 시작하면서 2억 내외의 전셋집을 마련하여 가정생활을 꾸리게 된다. 부모님 지원 및 본인 저축금액을 더해 마련하기도 하지만 최소 1억 원 이상의 빚을 가진 채 제2의 인생을 출발하는 경우가 허다하다. 결혼 후 2~3년이 지나 2세를 갖게 되지만 1인당 한 달 100만 원 내외의 양육비며 대출금 상환에 8~9년의 시간을 바삐 살다 보면 어느새 40세에 이르게 된다. 그 사이 대출금을 더하여 3~4억 원대의 집을 장만하지만 여전히 1억 5천 내외의 부채를 안고 있다. 사원, 대리까지는 큰 책임감이 없을뿐더러 연봉제의 대상이 아니어서 퇴직의 문제가 남의 일처럼 여겨졌지만 부양의 책임이 더욱 커진 40세를 넘고 보니 고과에 따른 연봉격차를 실감하게 되고 급여명세서를 보면 5년 이상 버티기조차 만만치 않음을 알게 된다.

회사 내부적으로는 상대적으로 임금은 높지만 활용 가치가 떨어지는 40대 후반의 인력을 대상으로 상시 구조조정을 하고 있는 현실마저 부쩍 체감한다. 초등학교 시절 시골에서는 공부 잘한다는 평가를 받으며 농사일 하시는 부모님의 높은 기대에 보답하기 위해 중·고·대학 시절 항상 우수한 성적을 유지하면서 부모님에게는 흐뭇한 자랑거리가 되었었다. 결혼생활 후 빠듯한 생활 속에서도 집안 경조사, 부모님 생신, 명절 때면 적지 않은 금액을 부모님께 드렸고, 여전히 가정 대소사 시에 적지 않은 부담을 하고 있다.

40세 중반에 이르자 정기검진 때 재검 받는 일이 빈번하다. 조금씩 높아지는 혈압, 조금씩 무거워지는 몸을 체감한다. 회식 후면 다음날 일어나기조차 쉽지 않다. 남의 일 같던 잔병이 자신에게 조금씩 생기고 있는 것이다. 운동이 필요하지만 불규칙한 퇴근시간 때문에 이도 만만치 않다. 70대의 부모님들은 큰 병원 입원이 필요한 경우마저 생긴다. 몇 년 남지 않은 직장생활을 생각하면 이런저런 불안감으로 잠을 이루기가 쉽지 않다. 먼저 외식비를 줄인다. 과거 1997년 IMF 외환위기 전까지만 해도 소비의 주력이었던 40대를 중심으로 소비를 줄이다 보니 APT단지 인근 자영업계의 매출 하락이 눈에 띄게 나타나고 있다. 유명 음식점이며, 한의원, 개인병원 등 버틸 만하다던 자영업의 대표업종마저 매출이 크게 감소하고 있다.

중·고교 시절을 거치며 나라에 충성하고 부모에 효도하면서 열심히 노력하면 누구나 경제적인 풍요로움 속에 행복한 가정생활을 꾸릴 것으로 알고 성장해 왔던 대다수 중산층의 생활이 흔들리고 있다.

* 개인 몰락의 사례(1): 미국 명문대 박사 중광할머니

TV프로그램 '세상에 이런 일이'에 소개되었던 송선희 씨는 고려대학교 사학과에 입학하여 졸업 시에는 고려대학교 전체 수석졸업의 영예를 차지한 수재로 미국 인디아나 주립대학교에서 석·박사 학위를 받고 미국의 하버드 등 최고의 대학에서 강사 생활을 하였다. 귀국 후에는 정신문화연구원 교수 등을 역임하였다. 하지만 50대 초반에 이런저런 사정으로 직업을 잃게 된다. 이후 별다른 직업 없이 모교인 고려대학교 도서관에서 10여 년째 도서와 개인연구 활동을 하고 있었는데 중광할머니란 이곳 도서관의 학생들이 그녀를 지칭하는 명칭이다.

SBS의 취재진이 첫 방송 이후 약 8개월 만에 다시 만난 곳은 뜻밖에도 병원. 미국 명문대에서 박사학위를 받은 최고 엘리트였지만 끼니를 거름에 따른 영양실조로 병원에 입원한 것이다. 비슷한 사례로 한때 맥도날드 할머니라 불린 고 권하자 씨의 경우도 있다. 권 할머니는 한국외국어대학교 불문과를 졸업하고 외무부에서 근무하다 퇴직 후 인생의 말년에 일정한 거처 없이 '24시간 운영하는 맥도날드' 가게에서 지내다 쓸쓸히 죽음을 맞이한 경우이다. 고학력자, 저학력자를 막론하고 준비되지 않은 노년은 고통이 될 수 있음을 보여주는 사례들이다.

* 개인 몰락의 사례(2): 유명 전통찻집

최근 집 주변 유명 전통찻집이 폐업하였다. 서울 주요상권의 40평짜리 찻집이나 커피숍 할 만한 자리이면 최소 5억 전후의 자금이 필요하다. 월세 또한 1,000~1,500만 원 정도 하는 현실임을 고려할 때 인테리어 투자비와 월 운영비 등을 합하여 주인은 최소 3억 원 이상은 피해를 본 것으로 추정된다. 주로 유명 커피전문점들이 소비자층에게 어필하고 있는 상황에서 시류에 맞지 않는 전통찻집의 운영 고집은 자연스러운 몰락을 기다리는 상황이었던 것이다.

* 개인 몰락의 사례(3): 어느 분식점

목이 그런대로 괜찮은 서울 강동구의 한 가게가 영업을 하지 않고 있었다. 주변에 물어보니 가게를 내놓았다고 한다. 인테리어 비용만 7천만 원이 들었다고 한다. 인테리어는 개인이 부담한 비용으로 권리금을 전혀 받을 수 없다. 50대의 주인은 서울시 산하 공공기업에 다니다 퇴직해서 경험 없이 시작했다가 짧은 기간에 적잖은 수업료를 지불한 것이다. 어림잡아 보아도 이번 최소 1억 원의 손실은 불가피하다. 맛이 아주 뛰어난 것도 아니었고 서비스가 썩 좋은 것도 아니었기 때문에 월세와 운영비를 포함하여 고정비가 300~400만 원에 이르다 보니 1년도 채우지 못하고 손을 든 것이다.

* 개인 몰락의 사례(4): 주유소 폐업 속출

불과 10여 년 전까지만 하여도 주유소 사장은 '지역 유지'로 통했다. 부동산 부자에다 현금이 꼬박꼬박 들어와 소위 지역의 행사마다 지역 유지 대접을 받으며 불려 다녔다. 그러나 요즘 주유소 폐업이 속출한다. 주유소 사장들은 주유소를 내놓고 있다. 주유소를 인수해 운영하려는 사람도 별로 없다. 결국 폐업을 결정하고 사업을 접으려고 해도 2~3억 원이 드는 오염처리 비용 부담으로 은행 대출에 오염처리 비용을 내고 나면 남는 게 없다. 빚이 더 많아 야반도주하는 경우도 있다. 한국주유소협회에 따르면 폐업 주유소 수는 지난 2008년 101개였으나 2009년 107개, 2010년 136개, 2011년 188개, 2012년 219개, 2013년 310개로 해마다 급증하고 있다.

* 개인 몰락의 사례(5): 부모 의존형 자녀의 증가

수년 전 일본에서만 유행하던 소위 '방콕족', '은둔형 외톨이족'이 국내에서도 늘어나고 있어 이에 대한 대책이 시급하다는 내용이 보도된 바 있다. 이 '은둔형 외톨이족'은 1970년대 이후 일본에서 심각한 사회문제로 떠오른 히키코모리(방안에 틀어박힘)와 동일한 개념이다. 3~6개월 이상 사회활동에 참여하지 않고 방 안에 틀어박혀 지내는 사람들이다.

그런데 최근에는 일명 '캥거루족'이 새롭게 등장하여 사회문제로 대두되고 있다. 자립할 나이가 지났음에도 경제적으로 독립하지 못하고 부모에게 기댄 채 살아가는 이들을 뜻하고 있다. 캥거루족은 고령화 시대의 또 다른 형태의 암울한 그림자이다. 캥거루족의 존재는 부모의 부담으로 직결되는데 지금의 부모들이 노후 준비를 제대로 하지 못한 세대라는 점에서 이러한 성인형 외톨이족은 그들 부모의 노년생활에도 큰 악영향을 양산하고 있다.

안정된 공무원으로 일했던 J씨(75). 그는 얼굴이 흉측하게 보여 대인기피증에 시달린다. 퇴직 후 배운 침술에 의지하며 불법이긴 하지만 알음알음 찾아오는 사람들에게 시술을 하며 월 150여만 원 정도의 수입으로 간간히 버티며 살아가고 있다. 공무원 퇴직금은 사업하는 아들에게 투자하여 날린 지 오래되었고 언뜻 봐도 흉측하게 변해버린 그의 모습은 5년 전 사업자금 관계로 말다툼하다 아들이 뿌린 염산의 흔적 때문이다. 당시만 해도 자살까지도 몇 차례 고민했지만 젊었을 때부터 고생하며 뒷바라지해온 부인을 생각하며 근근이 삶을 이어가고 있다.

2013년 전국을 떠들썩하게 한 '인천 모자살인 사건' 퀵서비스 배

달원으로 일하는 J씨(29)는 사건 2년 전 결혼 당시 어머니로부터 1억 원 상당의 빌라를 받았지만 많지 않은 수입에 아내의 사치, 도박 빚까지 겹치며 어머니에게 다시 손을 벌렸다. 그러나 어머니가 거부하자 결국 어머니와 형까지 살해하는 끔찍한 비극을 저지르고 말았다. 어머니는 당시 인천의 한 지역에 월세 350만 원 정도 나오는 시가 6억 5천만 원 가치의 다세대 주택을 보유하고 있었는데 그마저 자신의 몫으로 하려고 아내와 공모하여 일을 벌인 것이다.

통계청이 발표한 조사 결과에 따르면 경제적 어려움 때문에 자살 충동을 겪었다고 답한 노인의 비율은 2008년 29.3%에서 2013년 35.1%까지 늘었다.

국가와 사회는 절대 준비시켜 주지 않는다

「기업경쟁력=인원구조조정 능력」 시대의 도래

우리 국민에게 '역사상 가장 뛰어난 왕이 누구냐?' 는 질문을 하였을 때, 최소 과반수 이상의 국민은 한글을 창제한 세종대왕을 꼽는데 주저하지 않을 것이다. 나라 내부적으로는 우리 글이 만들어지고, 해시계가 전국 곳곳에 보급되고, 강우량을 측정하는 측우기 개발과 새로운 신무기 개발 등 다양한 실용학문이 융성하였다. 대외적으로는 함경도 북부지역에 6진을 설치하여 새로운 국토를 개척하는 등의 성과로 국민들이 그 어느 때보다 살기 좋은 태평성대였기 때문이다.

하지만 그에 못지않게 존경받아야 할 인물은 그의 아버지 태종 이방원이다. 그는 아버지인 태조 이성계를 도와 조선을 건국하는 과정에서 고려 말 충신세력이었던 정몽주를 살해한 바 있으며 조선 개국이후에도 왕자의 난을 일으켜 방석, 방간 등 형제를 가차 없이 죽이는 등 포악한 면을 가진 군주였다. 그럼에도 불구하고 그는 국왕으로서의 확고한 역사관을 가진 인물로서 조선의 영속성을 위해서는 자신의 후계자는 반드시 새로운 국가문화를 만들 수 있는 사람이 되어야 한다는 생각을 가지고 있었다. 그 적임자로 판단한 셋째아들인 충녕대군을 세자로 삼고, 충녕이 뜻을 펴는 데 걸림돌이 될 만한 요소들을 사전에 다 제거하였다. 구체적으로 살펴보면 태종 이방원은 왕위계승에 걸림돌이 될 수 있는 자신의 처남들을 역모의 누명을 씌워 모두 처형시켰음은 물론, 세종의 장인마저 역모죄로 제거하였으며 자신의 최측근이었던 무인 세력들마저 현직에서 물러나게 하였다.

어린 나이에 갑자기 왕위를 계승한 후 원로대신들에게 휘둘려 자신의 뜻 한번 제대로 펴보지 못한 왕이 적지 않았던 사례가 많았음을 볼 때 태종의 혜안은 높이 평가되어야 한다. 태종 이방원은 자신의 생존 시 왕권을 물려주는 세심한 계획까지 이행함으로써 500년 조선의 기틀을 마련하는 데 큰 공헌을 한 것이다.

1993년 삼성은 독일에서 발표한 소위 프랑크푸르트 선언을 통하여 당시에는 파격적인 내용, 즉 앞으로의 삼성은 '마누라와 자식 빼

고는 다 바꾼다.'라는 경영방침을 표명하였다. 그러한 경영방침 이후 삼성은 반도체 부문에서 명실공히 세계 1위 업체로 성장하였으며 스마트폰 시대가 본격 도래한 2010년 이후 세계 스마트폰 시장을 애플과 양분하며 국내기업으로는 처음으로 브랜드가치 또한 세계 10위권 안으로 진입하였다.

삼성 내부의 자세한 상황은 모르지만 삼성은 지난 20년간 진행해온 발 빠른 개혁프로그램 등을 통하여 적재적소에 적합한 사람들을 배치시킴으로써 다른 어떤 기업보다도 빠른 속도의 신상품 개발을 비롯하여 다른 사람들이 감히 상상하지 못했던 목표를 달성하였을 것으로 짐작된다. 우리 역사상 태종 이방원의 개혁과 비견될 만한 삼성의 개혁경영이지만 앞으로의 경제 환경에 의해 「기업경쟁력= 인원구조조정 능력」이라는 관점이 그려지는 것은 다소 우려스러운 현실이다.

건설경기 부진의 여파로 요즘 다소 어려움을 겪는 두산이지만, 두산 또한 대대적인 구조조정을 통하여 성공한 대표적인 우수 기업으로 손꼽힌다. 2~30년 전만 하여도 두산 하면 맥주, 식품, 음료, KFC 가 떠오르는 대표적인 소비재 중심의 기업이었다. 하지만 대대적인 사업군 조정을 통하여 이제는 중공업, 건설장비, 건설 중심의 기업으로 변신을 하였다. 이를 통하여 두산인프라코어 같은 세계적인 수준의 중장비업체를 만들어 내기까지 하였다. 글로벌화된 경제체제하에서 새로운 변신을 통하여 그룹 자체는 생존을 이어가고 있지만 사업구조의 변신과정에서 수많은 근로자들의 상당한 희생이 있었음을 어렵지 않게 짐작할 수 있다.

한편, 최근 신의 직장이라 불리던 공기업에 대해서도 강도 높은 구조조정이 정부주도로 이루어지고 있다.

* 빚더미 공기업에 혁신 채찍

최근 국제유가가 하락하면서 에너지 유관 공기업의 부채가 급속도로 증가하고 있다. 석유공사는 10조 원 넘던 자본이 4조 2천억 원으로 뚝 떨어지면서 부채 비율은 453%까지 급증했으며 가스공사는 부채비율이 꾸준히 300%를 넘고 있고, 광물자원공사의 경우는 부채도 감당할 수 없는 수준으로 늘어났다. 이들 세 공기업이 2016년 갚아야 할 빚은 8조 원대로 늘어나 이에 대한 대책으로 최근 정부가 통폐합이나 민영화 등을 포함한 지배구조 개편 검토에 나서고 있는데 자원 개발 같은 중복 기능을 합치면 비용을 줄일 수 있고, 외형이 커지면 민간 자본을 유치하는 데 유리하다는 장점 등이 있어 조만간 가시적인 결과가 나올 것으로 예측된다.

이에 앞선 2016년 초 정부는 '공기업 신新 평가지수'를 만들어 공기업에 대한 구조조정 작업에 속도를 낼 계획임을 밝힌 바도 있다.

국가는 절대 준비시켜 주지 않는다

우리 역사상 가장 위대한 왕으로 손꼽히는 세종은 그를 호칭할 때에도 다른 왕과는 달리 세종대왕이라는 수식어를 붙이는 것이 훨씬 자연스럽게 느껴진다. 세종 이전에는 중국의 한자를 빌려 쓰는 상황 하에서 일반 백성들은 글을 배울 수 있는 기회조차 없었다. 그렇기에 세상의 흐름을 주변의 구전에 의해 파악하는 삶을 살고 있었다. 당시 국가를 운영하는 지배층들은 무지한 백성들이 굳이 많이 알아 좋을 것이 없다는 생각을 하고 있었던 것이다. 즉, 국가의 지배층인 지식층과 부자들에겐 정보의 통제를 통하여 분배에서의 유리한 위치를 고수하고자 하는 측면이 다분히 있었다. 한글 창제 이후에도 지배층은 여전히 한시를 즐기며 자신들의 문서를 한자로 기록하며 소통하였으며 한글은 언문이라 칭하며 주로 부녀자층 위주로 사용되고 그 쓰임이 한정되었다.

오늘날은 어떤가? 국가의 법률만 보아도 용어가 한글로만 되어있을 뿐 그 의미는 여전히 한자로 구성되어 있다. 국민들에겐 어려운 표현은 여전하다. 쉽게 표기하고 그 의미를 단순화하는 것이 어려워서일까? 사회의 지배층(부자)들은 결코 일반 국민과 동등한 수준의 정보 공유를 원하지 않는다는 것도 일정부분 그 원인을 차지하고 있다.

사회적으로 알려진 유력인 A씨와 B씨는 모회사의 경영권을 위해 꽤 오랫동안 분쟁을 벌이고 있다. 국가의 경영권이며 지방자치단체의 자치권, 회사의 경영권은 곧 정보 선점을 통한 분배에서의 유리한 위치 확보인 것이다.

우리나라 대학교에서는 돈이 무엇인지, 돈을 어떻게 벌고 불려야 하는지를 정확히 가르쳐주는 곳이 없다. 경제학과, 경영학과 등 상경계열학과가 그나마 관련 학과라 할 수 있는데 경제학과만 하여도 요즘에는 미국의 영향을 받아서인지 수학, 통계 등의 기법 중심으로 주로 강의가 이루어지고 있다. 2~3학년을 마친 학생이라도 경제신문 읽기조차 쉽지 않다. 정작 실용적인 측면에 있어서는 크게 도움이 되지 않고 있는 것이다. 경영학과 역시 회계, 재무, 마케팅 등 기업에서 필요한 다양한 과목을 배울 수 있지만 체계적으로 돈이 무엇인지를 알기는 어렵다. 일류대학을 나와 대기업에 간 사람과 고교만 졸업 후 시장에서 장사를 한 사람 중 돈이 무엇인지 정확히 아는 사람은 오히려 실물에 강한 시장에서 장사를 하는 사람이다.

* 국민연금

2014년 1월 대기업에서 20년 생활을 한 A씨에게 60세까지 현재의 금액을 계속 불입할 경우 노후에 약 125만 원 정도의 연금이 지급됨을 관련 자료들이 알려주고 있다. 최근에 6급 공무원으로 정년퇴직한 B씨의 경우는 약 240만 원의 연금을 매달 수령하고 있다. 정부에서는 최소 240만 원 정도의 돈이 2인 기준 필요하다고 산정하면서 개인기업체 근로자들에게는 그 반에 해당하는 금액만을 지급하겠다고 하는 현실이다.

공무원연금과 군인연금은 수년째 적자를 내고 있다. 2014년 기준 공무원연금과 군인연금에 들어가는 적자보전금은 각각 2조 5,854억 원, 1조 3,733억 원 등 4조 원에 이른다. 사학연금은 기금으로 14조 6,000억 원을 쌓아두고 있지만 2023년부터 총지출이 총수입보다 많아져 2033년부터 적자를 볼 것으로 추정되며 2033년 사학연금의 재정적자를 보전하기 위해 투입해야 할 보조금 규모가 5조 4,000억 원으로 추산된다.

＊ 국가재정의 악화

2013년 말 기준으로 국가부채가 약 480조 원에 이르며 전체 공기업의 부채가 약 500조 원 규모이다. 합하면 1,000조 규모, 이자 5% 계산 시 이자만 연간 50조이다. 우리나라의 국가예산이 360조 원인데 이의 10% 이상의 금액이 이자로 지출되는 셈이다.

현재의 위기상황은 세계적으로 공급과잉에 따른 소비감소가 그 큰 이유로 설명될 수 있는데, 공교롭게 우리나라는 1997년 IMF경제위기를 돌파하는 데 상당한 국가재정을 소진한 상황에서 더 이상 적자예산 편성을 통한 내수부양이 힘든 상황이 되었다. 국가에게 무엇인가를 기대하기 어려운 현실마저 되어가고 있다.

한때 신의 직장이었던 기업의 현주소

고액연봉, 우수한 근무조건 등으로 한때는 누구나 입사하고 싶을 정도로 인기가 높았던 통신업계 특히 SK텔레콤과 KT는 1990년대 초만 해도 고졸자를 뽑는 전형에조차 대졸자들이 몰렸을 정도로 인기가 높았다. 하지만 20년이 훌쩍 넘은 지금 구조조정의 중심에 서 있다. 다음은 2015년 3월 아이티투데이에 보도된 내용이다.

SK텔레콤이 오는 20일부터 파격적인 위로금을 내세운 특별퇴직을 실시하는 가운데, 그 액수에 이목이 집중되고 있다. 이 회사는 80개월 치 기본급을 위로금으로 지급한다. 일반적으로 연봉이 높고 명퇴금도 많이 준다는 금융권과 비교해서도 파격적인 수준이다.

19일 업계에 따르면 SK텔레콤은 지난 2006년부터 가동해왔던 특별퇴직 프로그램 기준을 올해 대폭 완화했다. 퇴직금 액수도 대폭 높였다. SK텔레콤은 과거 특별 퇴직금으로 기본급

50개월 치를 지급했으나, 80개월로 늘렸다. 특별퇴직 신청자 조건은 '45세 이상, 10년 이상 근속자'에서 나이에 상관없이 '15년 이상 근속자'로 확대했다. 이에 따라 SK텔레콤은 이번 특별퇴직 시 '기본 퇴직금(근속연수×직전 3개월 평균 급여)'에 특별 퇴직금(기본급 80개월 치)을 위로금 형식으로 추가 지급한다. 기본급 80개월 치는 약 3년 치 연봉에 해당하는 수준이다. 지난해 SK텔레콤이 금융감독원에 제출한 분기보고서의 평균 연봉(8,900만 원, 근속연수 12.9년)으로 단순 계산하면, 전체 퇴직금 액수는 3억 6,000만 원 규모이다. 물론 실제 액수는 이보다 적을 것으로 예상된다. 앞서, 경쟁사 KT 또한 지난해 8,000명(근속연수 15년 이상)을 내보내는 대규모 명예퇴직을 진행하면서 2년 치 연봉을 위로금으로 지급했다. 퇴직자들은 1인당 평균 1억 4,000만 원 이상을 수령한 것으로 알려졌다. 근속연수에 따라 명퇴금 외 퇴직금을 포함해 2억 원 가까이 받은 직원도 있었다.

SKT와 KT 퇴직금 액수는 금융가에도 뒤지지 않는 수준이다. 지난해 300여 명의 희망퇴직을 단행한 삼성증권은 과장 이상이 2억 원 이상의 퇴직 위로금을 받은 것으로 전해졌다. 부장급은 2억 6,000만 원 수준에서 책정됐다. 우리투자증권은 NH농협과의 합병을 앞두고 300명의 퇴직을 단행했는데, 부장

  부동산 투자 1년 2배의 법칙

급 2억 4,000만 원, 차장급 2억 2,000만 원 수준의 희망퇴직 위로금을 지급했다. 대신증권의 경우 300여 명의 희망퇴직자에게 10~24개월 치 급여를 지급했다. 액수로 치면 20년 이상 근속 1급 부장의 경우 최대 2억 5,000만 원까지 수령 가능한 수준이다. 이 외 삼성 SDI는 1년 치 연봉에 평균 1억 원의 지원금을 지급했다. 시티은행의 경우 36~30개월 치 기본급에 20만 원 여행상품권과 자녀 학자금을 위로금으로 건넸다.

이통사들의 이 같은 행보는 최근 국내 이동통신시장 수익성 악화로 일시적인 비용이 들더라도 몸집부터 줄이겠다는 의도로 풀이된다. KT의 경우 지난해 구조조정으로 연간 인건비를 5,100억 원 이상 줄일 수 있을 것으로 기대하고 있다. 외주 비용 증가분이 반영되더라도 연간 영업이익이 3,000억 원 이상 증가할 것이라는 증권업계의 분석이다.

SK텔레콤의 이번 특별퇴직 대상은 2000여 명 정도로 추산되고 있다. 기준이 완화되고 액수가 대폭 높아진 만큼, 특별퇴직 신청자도 많을 것으로 보는 분위기다.

이민계 드는 젊은 층

명문대를 나온 우수한 젊은 인재들이 이민을 준비하고 있다. 잦은 야근과 불황, 심해지는 스트레스 등 경쟁 일변도의 우리사회의 현실에 염증을 느끼고 복지국가로 알려진 유럽 국가로의 이주를 꿈꾸고 있다. 다음은 2015년 4월 매일경제 보도 내용이다.

'이민 열풍'이 사회에 갓 진입한 20대 청춘들 사이에서도 불고 있다. 사회 초년생 때부터 목돈을 만들기 위한 계를 조성하는가 하면, 필요할 경우 '이민 스터디'를 통해 언어 등 필요한 지식도 공유한다. 해당 나라에서 원하는 자격을 갖추기 위해 새로 기술을 배우는 사람들도 있다.

이들이 선진국으로 이민가려는 이유는 간단하다. 교육비 상승, 연금혜택 축소, 높은 주택 가격 등 한국에서의 삶이 갈수록 젊은 세대에게 점점 불리해지고 있다는 것이다. 점차 세계가 글로벌화되고 나라 간 장벽이 사라지면서 언어 문제 등 새로운 환경에 대한 두려움도 예전 세대만큼 크지 않다.

이민을 꿈꾸는 사회초년생들이 가장 선호하는 나라는 '복지국가'로 알려진 덴마크·스웨덴 등 북유럽 국가들이다. 외교부의 '재외동포현황'에 따르면 덴마크에 사는 재외동포는 2011년 293명에서 2013년 538명으로 83.6%나 증가했다. 서울대를 졸업한 L씨는 지난해 이민을 위해 2년간 다니던 직장을 주저 없이 그만뒀다. 초봉 4,000만 원에 육박하는 A기업 전략기획팀에서 일하며 남부럽지 않게 잘살고 있지만 앞으로의 양육비 문제, 교육비 문제 등을 고민한 끝에 부부가 동시에 새 터전에서 자리 잡기로 결심했다.

서울 소재 명문여대를 졸업한 뒤 여의도 A증권회사에 재직 중인 K씨(26·가명)는 지난해부터 친구 4명과 함께 '이민계契'를 만들었다. 한국을 떠나 북유럽 국가인 핀란드에 정착하기 위한 목돈을 같이 모으기 위해서다. 이들은 한 달에 50만 원씩 무조건 불입한다는 원칙까지 세웠다. 이렇게 모은 금액은 현재 1,000만 원가량 된다. 이들은 모두 S대와 Y대 등 명문대학을 졸업해 은행·증권·전자·해운사 등 남부럽지 않은 직장을 갖고 있다.

S대 인문대를 졸업해 대기업 인사팀에서 3년째 일하고 있는 이상호 씨(29·가명)는 주말마다 자동차정비학원으로 출근한다. 북유럽 국가로 기술이민을 가기 위해 자동차정비 기능사·기사 자격증을 취득하려는 것이다. 기술이민은 일반 이민에 비해 영주권을 쉽게 얻을 수 있다.

40~50대 신규임용 공무원의 등장

2009년 공무원 채용시험에서 연령 제한이 폐지된 이후 '늦깎이 신입 공무원'이 빠른 속도로 증가하고 있다. 인사혁신처에 따르면 국가직 공개채용에서 40세 이상 합격자는 7급이 2010년 20명에서 2014년 54명으로 늘었고, 같은 기간 9급은 21명에서 122명으로 무려 6배 가까이 증가했다. 민간 기업에서 시작했지만 새로운 삶의 목표를 찾기 위해 뒤늦게 공무원시험에 뛰어드는 이들은 물론 청년 시절 고시 준비를 했다가 낙방한 후 다시 자신감을 얻고 재도전하는 중장년층이 빠르게 늘고 있다. 특히 고교 과목(사회, 과학, 수학 등)을 선택 과목으로 고를 수 있게 된 2012년에는 9급 공채에서 전년보다 두 배 가까운 40~50대 합격자가 배출됐다.

장기적으로 보면 나이와 상관없이 직무능력에 따라 일하는 방향으로 나가야 한다. 이런 측면에서 40~50대 공채 합격자가 늘어나는 것은 바람직한 현상이기는 하다. 다음은 2015년 5월 세정신문 보도 내용이다.

정년이 보장되는 공무원의 인기를 반영하듯 세무공직자에 도전하는 일반인들의 수험 열풍이 거센 가운데, 응시연령 제한이 폐지됨에 따라 세무직 합격생들의 나이차가 많게는 한 세대까지 벌어진 것으로 확인되었다.

이달 4일부터 8주간 국세공무원교육원에서 교육중인 11명의 행정고시 출신 사무관 임용후보자들의 경우 띠동갑이 함께 수습교육 중으로, 남성의 경우 군 복무 기간과 행시준비기간 등을 감안하더라도 띠 동갑이 고시 동기생인 것은 이채로운 일이다.

고시출신에서의 이 같은 나이차는 7·9급 합격자들로 내려가면 더욱 확대돼, 지난해 64년생 합격자가 임용후보자 과정에 참석하는 등 50대와 20대가 함께 9급 임용후보자 교육을 받은 것으로 알려져 눈길이다.

이처럼 한 세대 이상 차이가 나는 동기생이 등장한 데는 일반 민간기업에 근무하다 세무공직자로 직업을 바꾼 이들이 있기 때문인데, 고용불안에서 벗어나 정년퇴직이 보장되는 공직으로 방향을 유턴한 것이 주된 이유일 것으로 세정가는 분석이다.

유명스타들의 노후

2013년 말 국내 한 케이블TV 채널을 통하여 원조 한류스타라 할 수 있는 '노란 샤쓰 입은 사나이'를 부른 원로가수 한명숙 씨의 근황이 소개된 바 있다. 정부보조금에 의지하며 혼자 임대 APT에서 근근이 살아가는 모습이 보도되었다.

80세가 훌쩍 넘은 나이에도 여전히 남성적인 매력을 발산하며 현역 활동을 하고 있는 배우 신성일 씨. 그는 과거 500여 편이 넘는 영화에 주연으로 출연한 우리 영화 역사의 산증인이다. 지난 영화 출연횟수와 출연료를 감안할 때 지금쯤은 최소 수백억 원대의 자산을 소유하는 부자가 되었어야 정상일 것 같은데 경북 영천의 한옥 전원주택에서 소박한 일상을 보내고 있다. 최근에는 결혼한 그의 장남 결혼식에 돈 한 푼 보태지 않았다는 부인 엄앵란 씨의 방송내용이 보도되어 회자된 바도 있다.

지금은 고인이 된 원로 코미디언 이주일과 배삼룡 두 분은 우리나라 코미디역사의 거장으로 (코미디언 심형래 씨가 전성기시절 연 30억 원 이상의 수입이 넘었다는 사실을 감안할 때)전성기 시절 연간수입이 현재금액으로 환산 시 10~20억 원은 족히 넘었을 대스타들이다. 이주일 씨는 오랜 무명생활을 거쳐 40대 이후 얻은 명성을 바탕으로 사업에서도 큰 성공을 거두며 상당한 부를 축적하였지만 배삼룡 씨의 경우는 노년에 병원비가 없어 주변의 도움에 의지하며 쓸쓸한 말년을 힘들게 보낸 사실이 소개된 바 있다.

개개인이 준비해야 하는 사회

요즘 수십 개의 방송 채널, 온라인 오프라인 신문매체, 온라인 포털, 거기에다 카카오톡이니 밴드니 하는 휴대폰 기반 커뮤니티까지 그야말로 모두가 정보의 홍수에 파묻혀 살고 있다. 의지와는 관계없는 정보가 하루에도 몇 개씩 쌓인다. 이러한 매체의 대부분은 본질적으로 소비를 조장하고 있다. 전세를 살아도 승용차는 번듯한 것을 굴려야 하며 냉장고는 양문형, 휴대폰은 최신형 스마트폰, TV는 대형 벽걸이형을 두고 살아야 하는 것이 정상이 되었고 2~3년에 한 번은 해외를 다녀와야 한다. 또한 대부분의 가정에서 아이들은 6~7세가 되는 유치원 시절부터 최소 2~3개는 이런저런 학원에 다녀야 기본이 되는 그런 생활에 내몰리고 있다. 하지만 지하철이며 철도망, 시내버스, 안락한 고속버스 등을 잘 활용하면 자가용 없이도 잘살 수 있다. 구형 TV면 어떤가? 중학생 정도면 본인 의지가 충분할 때 다양한 인터넷 강좌를 통해서 학원에 다니지 않고도 영어회화와 수학의 원리를 얼마든지 배울 수 있다.

어쨌든 이런저런 사회구조로 우리는 개개인이 자신들의 중년, 노년을 준비해야 하는 사회에 살고 있다. 이러한 개개인의 준비는 다음과 같은 내용을 시사하고 있다.

첫째, 현재 가정의 수입, 지출을 재점검하고 합리적인 소비구조로 재편하여 고민할 필요가 있다.

둘째, 젊었을 때 준비하여야만 후반기 인생에 주체적인 존재로서의 삶이 가능하다.

인생 후반기의 의미는 홀로서기이다. 60세 이후 우리를 기다리는 변변한 직장이 있겠는가? 미리 준비한다면 인생의 후반기에 소득에 얽매이지 않고 자기에게 맞는 일을 찾아 삶을 영위하게 됨으로써 즐거운 노후생활을 맞이할 수 있게 될 것이지만 그렇지 못하다면 고독하고 힘겨운 노년을 맞이할 수도 있다.

Part 2

국 내 외 경제동향에 대한 이해

지금 세계경제는

1970년 미국의 실업률이 3.5%에서 6%로 증가하고 실업수당은 1년 새 7% 증가하였다. 이에 재정고갈의 위협을 느낀 닉슨 행정부는 1971년 의회의 인준 없이 미국달러와 금의 교환관계를 끊고 무제한으로 돈을 찍어내고 마음 내키는 대로 빚을 질 수 있게 만들면서 달러를 휴지조각으로 만들었다. 세계 각국 은행들이 아무런 근거도 없이 계속 돈을 찍어냈고 누구나 서명만 하면 신용카드를 만들 수 있었고 돈 없이도 쇼핑을 맘껏 즐길 수 있었다. 사두기만 하면 오르는 집값 때문에 사람들은 순식간에 백만장자가 된 것처럼 느꼈다. 퇴직한 뒤에는 연금에서 나오는 수익만으로도 중산층들은 비싼 아파트에 살며 자산의 상승을 즐기고 외식과 해외여행을 일상화했다.

하지만 2008년 미국의 리먼브라더스사 파산을 시작으로 불거진 세계경제의 침체는 현재까지 계속되어 우리 경제에 암울한 그림자를 드리우고 있다. 무분별한 소비의 대가를 치러야 하는 시기가 도래한 것이다. 이러한 상황에서 세계 경제의 또 다른 한 축인 중국의 최근 경제상황이 지난 미국의 사례와 흡사하게 전개됨에 따라 대중국 교역비중이 큰 국내 기업 등을 중심으로 많은 우려를 자아내고 있다. 인류의 역사에서 예측되는 위기는 극복되어 왔다고 하지만 긍정적으로만 바라보기에는 부담이 커져만 가는 상황이다.

세계 최대 경제국인 미국이 무차별적으로 달러를 찍어낸 바 있고, 일본의 아베정권에서는 무제한 양적완화정책을 취하는 등 세계 각국 정부는 통화량 팽창에 주력하고 있다. 현재 세계경제가 직면하고 있는 소비 위축에 따른 디플레이션형 경기침체를 소비 진작을 위한 인플레이션형 형태로 변화시켜 돌파하려는데 이마저도 쉽지 않은 상황이다.

* 공적자금으로 연명해 온 중국

최근 출간된 주닝 미국 예일대 금융학 교수의 저서 '예고된 버블'에 따르면 2008년 세계 금융위기 당시 중국 정부가 주식시장, 부동산시장 등 금융시장 안정을 위해 지출한 돈만 해도 4조 위안(약 711조)에 달한다고 한다. 이와 같이 세계금융위기 이후 중국은 세계경제의 한 축으로 성장했지만 과거 중국이 30여 년 동안 이룬 고속성

장의 기적은 정부의 '보이지 않는 지원'으로 가능했음을 지적하고
있다.

'보이지 않는 지원'에 대한 기대는 이미 중국 경제 전반에 팽배해
있는데 이러한 상황은 해외 투자은행이나 국제기금 등이 '중국 경
제 경착륙' 가능성을 끊임없이 제기하고 있는 이유 중의 하나이기도
하다. 주닝 교수는 현재 중국 경제가 겪는 어려움은 지난 수년간 '보
이지 않는 지원'이 키운 거품이 마침내 꺼지면서 생긴 결과물이라고
진단한다. 실제로 이러한 중국 정부의 무차별적인 자금지원은 2010
년 이후 극심한 유동성 과잉을 불러오고 있다.

지금 우리경제는

한국 경제를 둘러싼 대내외 환경이 나빠지면서 저성장 고착화 우
려가 더욱 커지고 있다. 성장 동력을 찾지 못하는 상황에서 한국의
잠재성장률이 10년 이내에 1%대로 주저앉을 것이라는 분석도 나온
다. 다음은 2016년 1월 26일 문화일보의 보도 내용이다.

한국은행에 따르면 2001~2005년 4.8~5.2%로 추정되던 한
국의 잠재성장률은 금융위기 이후 3.8%까지 하락했고, 2011~

2014년에는 3.2~3.4%로 잠정 집계됐다.

한국은행은 지난 6일 '우리 경제의 성장잠재력 추정 결과' 보고서에서 2015~2018년 잠재성장률이 연평균 3.0~3.2%로 추정된다고 밝혔다. 물가상승 등의 부작용을 일으키지 않고 경제가 최대한 성장할 수 있는 수준을 가늠하는 수치인 잠재성장률이 10여 년 사이 2%가량 떨어진 것이다. 이 같은 잠재성장률 하락 추세는 기업 투자 부진·서비스업의 생산성 정체 등 경제 구조적 문제에 인구 고령화 등 사회구조적 변화, 글로벌 경기 둔화 등의 문제가 복합적으로 작용했기 때문이다.

민간 연구기관의 전망은 정부보다 비관적이다. 현대경제연구원은 최근 '국내 잠재성장률 추이 및 전망' 보고서를 통해 2016~2020년 잠재성장률이 2.3%, 2026~2030년 2.0%로 하락할 것으로 전망했다. 2020년대 중반 이후엔 잠재성장률이 1%대로 진입할 수 있다고 예측했다.

LG경제연구원도 '2016년 국내 경제 진단-저성장 기조에 위험 요인 산재' 보고서에서 생산성 저하 추세가 개선되지 않으면 우리나라의 잠재성장률은 2016~2020년까지 2.5% 수준에 머물고 2020년대에는 1%대까지 낮아질 것으로 봤다.

전문가들은 잠재성장률을 높이기 위해서는 경제 체질을 개선하는 구조개혁에 매진해야 한다고 제언했다.

제조업 공급과잉에 따른 글로벌 경기침체

요즘 대형마트며 시장에 가보면 가격세일이 일상화되어 있다. 저렇게 팔아도 되나? 싶을 정도로 할인 품목의 가짓수 및 할인폭도 생각 이상으로 크다. 세계적인 과잉 공급 염려에 따라 2016년 초 글로벌 주가와 유가, 신흥국 통화가 동시 급락하였다. 과잉공급은 투자·고용·임금 상승을 어렵게 하기 때문에 기업의 현금흐름을 악화시키고 신용위험을 높이게 된다. 2008년 글로벌 금융위기 이후 각국은 금리를 낮추고 통화량을 늘리면서 디플레이션을 막는 데 성공했다. 자산 가격이 빠르게 회복됐고 가계·기업·정부 부채도 급증했다. 저금리 정책과 재정 지원으로 파산과 대량 실업을 막아내기는 했지만 과잉공급의 문제는 해결하지 못한 채 인위적인 방법으로 지탱하고 있다. 자산 가격이 실물 경기 회복보다 완화적 통화정책에 의해 유지되고 있는 것이다. 이런 상황에서 각국이 그 근본 원인인 공급과잉 해소보다는 경쟁적으로 통화절하에 나서고 있어 글로벌 과잉공급의 문제는 그 해소에 오랜 시간이 걸릴 것이다.

특히 고성장하는 중국 경제에 맞춰 설비를 늘린 신흥국의 제조업에 과잉공급이 집중됐는데 우리나라도 크게 예외는 아니다. 최근 미국은 주택·서비스업을 중심으로 거시경제 상황이 나아졌다. 실업률이 완전고용에 가까운 5%까지 낮아져 2015년 12월 미국 연방준비제도는 9년 반 만에 처음으로 기준금리를 올렸다. 반면 신흥국은 제조업을 중심으로 악화돼 왔다. 중국 및 미국의 호경기의 수요에 맞춰버린 공급 능력이 발목을 잡고 있는 것이다. 서비스업 회복에 힘입은 미국 연준의 금리인상 계획이 금융비용에 대한 부담마저 가중시키고 있다. 국가재정 상황이 좋지 않은 신흥국 입장에서는 구조조정에 스스로 나서기도 어렵다. 사회안전망이 취약하고 정치시스템도 불안하여 대량 실업과 금융 불안으로 이어질 수 있기 때문이다.

제조업 공급과잉으로 인한 세계경기의 위축 상황은, 기존 제조영역이 점진적인 구조조정을 하고 새로운 제조분야가 자리를 확고히 하기 이전까지 산업 재편에 따른 진통이 불가피하다. 글로벌 공조마저 불확실해져가는 상황하에서 각국은 관광, 서비스업, 부동산 등 국가 내부적으로 조치 가능한 활성화 방안을 통하여 그 충격을 흡수할 것으로 예측된다.

인플레이션의 그림자

요즘은 저소비가 사회 전 부문으로 확산되어 경제 전반이 침체된 양상이다. 이보다는 차라리 물건이 팔리고 돈이 도는 인플레이션이 낫다는 분위기가 점차 득세하고 있다. 미국이 엄청난 화폐를 발행함에도 달러가치가 유지되고 있었던 것은 엄청난 양의 달러채권을 중국이 매입하였기 때문이다. 중국을 대표하는 거시경제학자 쑨훙빙조차 그의 저서 화폐전쟁 시리즈에서 달러시대의 종말과 중국의 달러채권 매입 중단을 주장하지만 중국의 달러채권 매입은 오히려 증가하였다.

현재 각국 정부는 재정지출 확대 외에 기준 금리인하 등을 통한 인위적 인플레이션 상황을 만들어 그들의 실질 채무부담을 줄이는 정책을 취하는 방안도 고려하고 있다. 이러한 상황을 고려할 때 일부 경제학자들이 주장하는 경제회복기의 엄청난 수준의 인플레이션이라는 시나리오는 더욱 설득력을 얻고 있다.

*** 거세지는 마이너스 금리전쟁/부동산 버블 우려**

유럽과 일본이 마이너스 금리를 도입해 통화가치 떨어뜨리기에 몰두하고 있는 가운데 2016년 3월 헝가리가 사상 처음 마이너스 금리를 도입하고 터키도 금리 인하 대열에 뛰어들었다. 중국발 원자재 수요 침체와 글로벌 금융시장 불안 여파로 각국 성장 엔진이 식어가면서 저마다 통화 약세 유도, 수출 가격경쟁력 강화를 통한 경기 부양을 위해 금리 인하 카드를 꺼낸 셈이다. 이 같은 금리 인하 행렬은 다른 나라에 대해 통화 완화 정책을 자극해 글로벌 통화전쟁을 고조시킬 수 있다는 점에서 시장에 불확실성을 키우고 있다.

그보다 이전인 2016년 1월 말 일본이 사상 처음으로 마이너스 금리를 도입한 지 하루 만에 대만 중앙은행은 하루짜리 은행 간 콜머니 금리를 0.23%에서 0.20%로 낮췄다. 이후 기준금리를 0.125%포인트 내린 1.5%로 조정했다. 마이너스 기준금리 채택이 잇따르고 있는 것은 대대적인 국채 매입을 통한 양적 완화만으로는 경기를 살리지 못하고 디플레이션 탈출에 역부족이라는 판단 때문이다.

그러나 마이너스 금리로 인한 부작용도 만만치 않다. 스웨덴의 물가상승률은 목표치인 연 2%보다 훨씬 낮은 마이너스에 여전히 머무르고 있고, 덴마크도 지난해 소비자 물가상승률이 0.5%에 그쳤다. 반면 부동산 버블은 더욱 심각하다. 월스트리트저널에 따르면 덴마크 아파트 평균 가격은 2015년 상반기에만 8% 올랐고 스웨덴은 지난 1년간 16% 이상 급등했다.

미국의 세계경제 흔들기

노쇠해진 제조업에 의지해서 자신들의 경제위기를 극복하기에는 한계가 있음을 간파한 미국은 기축통화인 달러를 이용, 자신들의 손실을 글로벌경제에 전가하는 방식으로 경제정책을 추진하고 있는 상황이다. 이에 따라 세계 각국의 경제상황은 당분간 지속적인 변동성의 상황에 놓일 가능성이 높은데 다음은 문화일보 2014년 2월의 관련 보도 내용이다.

신흥국 경제수장들 FOMC 겨냥 강력반발

미국 중앙은행인 연방준비제도Fed의 출구전략이 본격화하면서 신흥시장 혼란에 대한 우려가 커지고 있는 가운데, 신흥국 경제 수장들이 미국의 테이퍼링(양적완화 축소) 정책의 투명한 계획과 실행을 요구하는 목소리를 높이고 있다.

차티브 바스리 인도네시아 재무장관은 6일 파이낸셜타임스FT와의 인터뷰에서 "테이퍼링에 대한 불확실성은 여전히 높다."며 "Fed가 보다 투명하고 계획적인 테이퍼링 정책을 취하지 않는다면, 신흥시장의 자금유출로 인한 역풍을 맞게 될 것"

이라고 경고했다. 이는 오는 3월 18~19일 재닛 옐런 신임 Fed 의장 주도로 열리는 미 연방공개시장위원회FOMC와 3월 22일부터 이틀간 호주 시드니에서 열리는 주요 20개국G20 재무장관·중앙은행총재 회의를 앞두고 다시 한 번 국제공조의 중요성을 강조하고 나선 것으로 풀이된다. 바스리 장관은 지난해 10월에도 국제통화기금IMF 회의에 앞서 Fed가 신흥국들과 전혀 소통을 하지 않는다고 비판하며 공조와 조정이 필요함을 주장한 바 있다.

바스리 장관은 테이퍼링에 대비해 미리 구조개혁을 하지 못한 신흥국들의 내부적 문제를 인정하면서도 "결국 글로벌 경제성장은 신흥국에 의해서 뒷받침되는 것"이라며 "선진국들의 경제가 회복되고 나면 늘어난 상품을 수용할 시장이 다시 필요해지기 때문"이라고 설명했다. 미국과 유럽 등 선진국이 최근 눈에 띄는 경제 회복세를 보이고 있지만 글로벌 경제성장을 위해서는 신흥국들의 지원이 반드시 필요하다는 의미다. 이를 위해 신흥시장을 고려한 각국 중앙은행의 정책적 협력이 필수적이라고 바스리 장관은 강조했다.

앞서 라구람 라잔 인도 중앙은행 총재도 지난 1월 30일 블룸

버그와의 인터뷰에서 신흥국의 금융혼란에 아랑곳하지 않고 테이퍼링 정책을 추진한 Fed에 대해 강력하게 비판했다. 라잔 총재는 "글로벌 통화정책을 위한 각국의 협력이 붕괴됐다."고 지적하며 "2008년 글로벌 금융위기 당시 세계경제 회복에 이바지했던 것이 신흥국인데, 이제 와서 선진국들이 나 몰라라 해서는 안 된다."고 Fed의 책임의식을 강조했다. 이어 "선진국과 신흥국의 국제적인 공조 및 협력의 복원이 필요한 때"라고 강조했다.

Part 3

우리는 모두 행복해야 한다

필자의 경우 세상에 태어난 모든 사람들은 행복할 권리가 있음을 절실히 느끼는 때가 몇 번 있다. 첫 번째는 결혼식에 참석해서 새로운 인생을 시작하는 부부들의 모습을 볼 때이다. 결혼식에 참석하여 그날만큼은 왕자, 공주가 된 젊은이들의 모습을 보면서 모든 사람은 행복할 권리를 가지고 태어나고 있다는 사실을 확인하곤 한다.

두 번째는 남자들에게만 해당되는 경우지만 군 입대식을 볼 때이다. 군 입대식의 경우, 필자는 나 자신의 입대식을 포함하여 3번의 참석 경험이 있다. 그 자리에서 무사귀환을 간절히 기원하는 어머니들의 눈빛을 바라보며 모든 사람들은 10개월 동안의 고통을 참아가며 낳은 그들 어머니들의 바람을 생각해서라도 잘되고 행복해야 할 의무가 있음을 느낀다.

이처럼 특별히 남자들에게는 아내와 어머니 두 여자를 행복하게 해줄 의무가 있다고 생각한다. 요즘 주변에서 '인생 뭐 별거 있나?' 하는 내용을 들을 때가 많다. 별거는 없다. 하지만 어머니와 아내 두 여자들을 행복하게 해줄 최소한의 의무를 생각해 볼 때 일정한 자산 유지는 행복의 최소 기본조건이 되어가고 있다. 너무 늦은 시점에 후회하지 말고 지금에라도 행복의 기틀 마련을 위해 조금씩 관심을 가지고 적극적으로 실천해보자.

우리가 힘든 이유

　현재를 사는 많은 사람들에게 "요즘 사는 것이 어떠십니까?" 하고 물어보면 열에 여덟 명은 힘들다고 대답한다. 그 이유가 여러 가지가 있을 수 있겠지만 부동산도 그 이유 중의 하나가 되고 있다. 현재 퇴직 후 무엇인가를 계획하는 분, 자영업을 하는 분이라면 비싼 임대료, 권리금이 주된 골칫거리일 것이며, 결혼이라는 새로운 출발을 하는 젊은 층이라면 비싼 주거비용이 그 이유가 될 수 있다. 그렇다. 우리가 수입이 적다는 사실만으로 현재의 삶이 힘들다고 하지만 (만일이라는 가정하에)부동산 가격이 오르지 않았다면 요즘처럼 힘들지는 않았을 것이다. 역설적으로 얘기하면 우리가 체감하지 못하는 사이 부동산을 따라잡지 못하면 우리는 물론 우리의 후손이 힘든 삶에서 헤어나지 못할 수도 있다는 얘기이다.

급여가 적다는 이유로, 아님 우선 구매할 다른 물건이 있다는 이유로, 투자 여력이 없다는 이유로 불평하며 시간을 보내는 상황에도 부동산 가격은 조금씩 오르고 있다. "부동산=투기"라는 이미지를 만들어 보통 사람들에게는 함부로 투자해서는 안 되는 대상으로 만들어 놓고 부자들과 거대자본은 부동산 투자로 부를 축적하고 있다. 투기와 투자는 엄연히 다르다. 투기는 값어치가 없는 대상에 대해 부풀리기 이미지를 만들어 비싸게 팔아 해치우는 것인 데 비해 투자는 그 값어치가 저평가되거나 미래 가치향상이 예견되는 물건에 대해 사전 매입을 하는 것으로 본질 자체가 다르다.

투자를 게을리한 샐러리맨은 영원할 것 같았던 그 쳇바퀴 같은 삶에서 빠져나오는 순간 뒤늦은 후회를 할 것이다. 어쩌면 이 시대의 부자들과 이들과 결탁한 거대 매스 미디어들은 평범한 샐러리맨들이 일정한 급여에 안주하며 투자에 관심을 기울이지 않고 달콤한 소비에 안주하면서 목표감 없이 바삐 살기만을 바랄지 모른다.

고위공직자의 재산공개

2015년 정부 발표에 따르면 우리나라 고위 공직자들의 평균 재산이 1년 사이에 2억 원 이상 증가한 것으로 나타났다. 경기불황 속에서도 부동산 가격만큼은 상승했기 때문이다. 전체 재산공개 대상자의 70%가량이 전년도보다 재산을 불렸다.

국회·대법원·헌법재판소·정부·중앙선거관리위원회·공직자윤리위원회는 고위 공직자 2,302명의 정기 재산변동 신고 내용을 관보에 공개했다. 신고 내역에 따르면 국회의원, 법관, 고위 공무원, 선관위 상임위원 등의 평균 재산은 15억 3,400만 원으로 전년도(13억 2,000만 원)에 비해 2억 원 이상 올랐다. 경기 불황이 수년째 이어지면서 서민들의 경제적 고통이 커지는 상황에서도 고위 공직자들은 10% 이상의 재산 증식을 이룬 셈이다. 정부 공직자윤리위는 개별공시지가 4.07% 상승, 개별단독주택 공시가격 3.73% 상승, 급여저축 증가 등을 이들의 재산증식 이유로 꼽았다. 토지와 아파트 가격이 오르면서 전체 재산이 늘었다는 설명이다.

국회 공직자윤리위 공개 내역을 살펴봐도 국회의원 292명 중 239명(81.8%)의 재산이 증가했다. 1억 원 이상 재산을 불린 의원이 134명, 5억 원 이상도 12명이나 됐다. 중앙·지방정부 고위 공직자를 망라한 정부 공직자윤리위 공개 대상자(1,825명) 가운데는 1,212명(66.1%)의 재산이 증가했다. 이들의 평균 재산은 12억 9,200만 원으로 1년 전에 비해 9,400만 원 늘었다. 1억 원 이상 재산을 불린 공직

자는 377명(31.1%)이었다. 공개 대상 고등법원 부장판사급 이상 고위
법관과 헌법재판관 등 167명 중에서도 119명(71.3%)의 재산이 증가
했다. 이처럼 고위공직자의 재산증식에는 부동산이 여전히 큰 몫을
차지하고 있다.

창업/사업이 쉽지 않은 현실

1) 사업의 어려움

* IMF경제위기의 명퇴자들

지난 2004년 9월 동아일보 조사에 따르면, 당시 동화은행에서 퇴
직한 229명 중 고용보험이 적용되는 직장으로 재취업에 성공한 것
은 31.4%에 불과했다. 또 79.5%가 재취업교육을 받지 못했고, 그나
마 교육을 받은 일부 중에서도 2/3 이상은 그 교육이 재취업에 전혀
도움이 안 됐다고 응답했다. 교육을 통해 취업했다는 응답자는 단
한 명도 없었다.

당시 정부는 IT인력이 부족하다며 실직자에 대한 대대적인 전산
교육을 실시했지만, 교육내용이 워드나 윈도우, 액셀을 가르치는 수
준이어서 취업에 전혀 도움이 될 수 없었다. 재취업을 하지 못한 사
람들은 너도 나도 자영업 창업에 나섰다. 하지만 별다른 사전준비

없이 비교적 손쉽게 시작할 수 있는 식당, PC방, 미용실, 노래방 등으로 창업수요가 몰렸다가 실패하는 사람들이 속출했다. 이 과정에서 퇴직금을 날린 사람들은 빈곤층으로, 심지어 노숙자로 전락했다. 급작스런 실직은 또 경제적 어려움과 정신적 충격으로 가족의 해체를 유발했다.

동아일보는 "동화은행 퇴직자 중 이혼위기를 겪은 가정은 72.1%다. 상당수 부부가 감당할 수 없는 스트레스로 별거나 이혼을 하고 자식들은 가출, 학업포기 등 빗나간 길을 걸었다. 이 과정에서 자신의 문제를 전문가에게 상담할 수 있는 기회는 없었다."고 보도했다. 또 "지난 6년간 주위로부터 경제적 도움을 받은 사람은 62명(27.0%)인데 이들 중 부모(32명), 형제(14명), 처가(8명), 친척(3명), 자식(1명) 등 일가친척에게 도움을 받은 사람이 총 58명"이라며 "23명의 부모가 급한 빚에 쫓기는 자식에게 2,000만 원에서 많게는 3억 원까지 현금을 지원해 줘, 이들이 신용불량자로 전락하는 것을 막아줬다."고 전했다. 또한 빈곤층으로 전락한 45명 중 17명이 3,000만 원에서 많게는 3억 원에 이르는 돈을 지원받았다. 자신의 퇴직금을 털어 시작한 가게가 실패하자, 주위에서 도움을 받거나 돈을 빌려 재기를 노렸지만 좌절한 사례가 대부분이었다.

5개 은행연합회가 퇴출 1년 3개월 후인 1999년 10월 옛 동료들의 직업을 조사한 결과, 전문분야와 유사한 직종에 근무하는 비율은 30%를 겨우 웃돌았다. 인수은행에 계약직으로 취업한 사람이 28.6%, 성업공사 임시 계약직이 5.18%, 나머지 66.2%는 새로운 직업을 찾아 뿔뿔이 흩어졌다. 2004년 조사에서는 응답자 전체 2,263명 가운데 계약직이 38.6%로 가장 많고 정규직은 21.5%에 불과했다. 실업자도 31.5%나 되고 8.4%는 자영업자였다.

2007년 1월 한국일보 보도에 따르면, 이들은 신용정보회사에서 남의 빚을 대신 받아내는 채권추심 일을 가장 많이 하며 새우젓가게, 포클레인 기사, 생수배달, 택시운전 등 다른 직업들도 각양각색이다. 사회적 물의를 빚은 제이유 등 다단계 업체에서 수천만 원을 날린 경우도 적지 않다.

* 사업달인 재벌가의 실패 사례

〈금호그룹〉

금호그룹이 대우건설 주식 72.19%를 인수할 2006년 당시 금호그룹 자체 자금으로 모자라 미래에셋, 신한은행 등 재무적 투자자와 같이 대우건설을 주당 26,200원에 인수했다. 이때 금호그룹 단독으로는 돈이 모자라 대우건설을 인수할 수 없으니 몇몇 다른 투자가에게 공동으로 인수하자고 제의하며, '대우건설 주가가 주당 3만 1,500원에 미치지 못하면 모두 되사주겠다.'는 게 계약의 골자였다.

재무적 투자자가 보유한 주식 수는 1억 2,900만 주, 행사일은

2009년 12월 15일이었다. 문제는 2009년 대우건설 주가가 1만 5,000원대를 맴돌았다는 점이다. 그해 12월 금호그룹은 꼼짝없이 4조 원(1억 2,900만 주×3만 1,500원)을 토해낼 처지에 몰렸다. 최악의 유동성 위기였다. 위기를 탈출할 방법은 있었다. '대우건설 재매각'이었다. 하지만 쉽지 않았다. 인수의향자가 좀처럼 나타나지 않았기 때문이다. 대우건설의 높은 몸값이 문제였다.

금호그룹은 결국 '유동성 위기' 앞에 무릎을 꿇었다. 2010년 초, 산업은행을 비롯한 채권단과 금호그룹은 금호산업·금호타이어의 '워크아웃(기업재무구조 개선작업)'을 개시했다. 핵심계열사 아시아나항공과 금호석유화학은 자율협의를 통해 정상화를 추진하기로 했다. 결과적으로 금호그룹 대주주 일가는 이 단 한 번의 투자손실로 4조 원가량의 투자손실을 입었으며 이로 인하여 대우건설 매각은 물론 금호그룹 계열사 지분 상당부분을 매각하고 종이호랑이 경영자로 전락하고 말았다.

〈두산家 이야기〉

두산가의 박용오 회장은 두산그룹 초대 회장의 6남 1녀 중 2남으로 태어났다. 경기고등학교-뉴욕대학교를 나와 1965년 두산산업에 입사했다. OB 베어스 구단주를 지내기도 한 박 전 회장은 1996~2005년 두산 그룹 회장을 지내며, 두산그룹 경영 전반을 진두

지휘했다. 이어 1997년 전국경제인연합회 부회장과 1998년 한국야구위원회KBO 총재를 역임하는 등 활발한 대외활동을 펼친다. 2008년 형제들과의 갈등으로 두산그룹에서 분가하며 마련한 1,000억 원대의 자금으로 중건 건설업체 성지건설을 인수하며 새로운 도약을 꿈꾸지만 2008년 후반부터 불어닥친 세계적인 금융위기 앞에 성지건설은 인수 2년 만에 부도의 사태에 이르고 박 회장은 2009년 11월 향년 72세의 나이로 사망한다. 박 회장은 두산그룹 회장의 경험을 바탕으로 넓은 인맥과 상당한 안목으로 건설업 운영에 상당한 자신감을 가지고 별도의 회사를 인수 운영하였지만 결과적으로 단 한 번의 실수가 그의 인생의 실패로 이어지게 된 것이다.

많은 유능한 인적 조직과 정보를 보유하고 있어 사업의 달인이라 불릴 수 있는 재벌가의 사람들에게도 이처럼 쉽지 않은 것이 사업이요, 비즈니스인 것이다.

2) 쉽지 않은 창업의 길

*초기 3년은 고생할 각오를

주변에서 창업한 경우를 보면 성공보다는 어려움에 처한 경우가 많은 것이 현실이다. 창업하여 실패한 사람은 주변 지인만 생각해 봐도 두세 명은 금방 떠오른다. 최소 부부가 3년간은 고생할 각오를 하여야 하는데 준비되지 않은 부부는 오히려 이 과정에서 불화로 이어져 가정이 파탄나기까지 하니 철저히 준비되고 각오되지 않은 창업은 시작하지 않는 것이 바람직하다는 얘기까지 있다.

요즘은 인터넷 맛집으로도 오르내리는 분당의 한 수제비집. 지금은 지역의 명성이 자자한 곳으로 새롭게 태어났지만 그곳을 운영하는 사장님은 기존 하던 사업을 사기당하여 정리하고 남은 보증금 2,000만 원과 월세로 시작하였다. 역세권 5분 거리인데 인근지역 아무 데서나 쉽게 올 수 있는데다가 아파트가 몰려 있고 사거리도 가깝고……. 그런데 초기엔 칼국수 맛이 매일 달라 고생을 했다. 장사가 안 됐다. 한 3년은 먹고 살기 힘들 정도였다. 이제는 안정된 레시피로 지역의 유명한 맛집이 되었지만 초기 3년의 고생은 기억하기조차 두렵다. 이곳 사장님의 창업에 대한 조언 중 첫 번째는 '부부가 함께 3년은 할 수 있는 자세와 각오'이다. '좋은 직장 있다가 나왔으니까, 나는 돈이 좀 있으니까 남을 시켜서 해야겠다? 그럼 안 하는 게 낫다.'는 의견이다.

SBS '달인의 맛집'에 소개된 경북 의령의 가마솥 소고기 국밥집. 국밥을 끓여내는 커다란 가마솥이 음식테이블 곁에 있는 이곳은 천연재료들만으로 깊은 맛을 내는 의령의 대표적인 맛집이다. 창업 초기 맛을 찾기 위해 한 3년 고생하다 보니 비로소 손님들에게 자신 있게 내놓을 수 있는 국밥 비법을 찾았다고 한다.

이처럼 창업을 위해서는 최소 3년간의 각오는 필요하다는 것이 성공한 전문가들의 공통적인 의견이다.

***각종 체인점의 달콤한 유혹**

〈유명상권의 높은 권리금 리스크〉

보통 유명 체인점의 대부분은 자신들의 브랜드 유지를 위해 중심 상권의 매장을 요구한다. 일정 평형 이상의 면적도 갖추어야 하기 때문에 이들 점포를 얻기 위해서는 보통 수억 원의 권리금을 지급하게 된다. 하지만 사업을 정리할 때 경우에 따라 돌려받지 못할 수도 있으니 소액자산가들이 경험 없이 덤벼들기에는 쉽지 않은 사업이다. 권리금은 임대당사자가 투자한 인테리어비이며 영업 권리권이다. 따라서 사업이 어려워 점포를 정리하게 될 때에는 최악의 경우 한 푼도 못 받을 수 있는 것이 권리금인 것이다.

〈내 실력이 아닌 회사 실력〉

많은 창업 고수들은 수년간의 준비 과정을 거쳐 자신만의 노하우나 비법을 터득하고 성과를 내오고 있다. 하지만 그 준비 과정이 만만치 않은 만큼 정년퇴직한 경우 겉으로는 번듯해 보이는 상품의 체인점을 고려하게 된다. 하지만 음식점의 경우 처음 일정기간 장사가 잘된다 하더라도 업체의 부실로 인하여 재료가 제대로 공급 안 되는 경우도 있고 심지어는 본사가 폐업하여 아예 재료를 공급받지 못하는 경우도 있다. 이처럼 내 실력이 아닌 회사 실력을 등에 업고 시작하는 체인점 사업은 항상 리스크가 도사리고 있다.

〈입맛이 자주 변하는 까다로운 요즘 세상〉

요즘, 특히 음식체인점의 경우 5년 이상 지속되는 체인점 찾기가 상당히 어렵다. 좀 된다 싶으면 관련업계에서 우르르 유사 브랜드나 비슷한 상품을 쏟아내고 있다 보니 너무 많은 브랜드에 식상해진 소비자들의 입맛이 빠른 패턴으로 변하고 있다. 이러한 상황하에서 일본 원전 방사능 검출에 따른 문제나 조류독감 문제 등등의 문제는 초보창업자들을 더욱 곤경에 처하게 만든다.

〈음식은 신선함이 생명임을 잊었나요?〉

음식을 냉동·냉장 상태로 받기 때문에 경우에 따라서는 당일 요리가 아닌 며칠 전의 식재료로 요리를 하게 되는 체인점 요리, 처음에는 유명 본점의 상호며 분위기에 취해 한두 번 오던 고객들의 발걸음이 점차 적어진다. 맛이 왠지 본점 그 맛이 아니고 뭔가 찜찜하기 때문이다. 냉동·냉장 보관이 길어짐에 따라 신선도가 떨어지는 경우가 있는 것이다.

집에서 조기 한 마리만 구워보자. 해풍에 잘 말려진 조기 10여 마리를 소래포구에서 사다가 바로 구워먹는 그 맛은 꿀맛 그 자체이다. 나머지 몇 마리를 냉동실에 넣고 2~3일 뒤에 구워보아도 처음 그 감격은 아니지만 아직까지 먹을 만하다. 하지만 2주일 이상만 지나면 생선에서 비린 냄새도 나고 절반도 먹기 쉽지 않다. 이처럼 음식은 첫째가 좋은 재료이고 둘째가 솜씨로 체인점에서 만들어내는 맛에는 그 한계가 있을 수밖에 없다.

쉽지 않은 귀농/귀촌의 현실

***쉽지 않은 귀농/귀촌의 현실**

맑은 물, 오염되지 않은 공기, 자연의 먹거리 등 생활조건만 보면 노후의 생활에 적임지로 괜찮을 듯싶은 농촌. 그러나 경험 없는 이들에게는 막연한 환상만을 가지고 살기에는 그리 쉬운 곳만은 아니다. 다음은 이와 관련한 2013년 8월 서울신문의 기사 내용이다.

일부 농어촌 체험마을의 개점휴업

도농 간의 소득격차 해소와 농어촌경제 활성화 목적으로 추진 중인 일부 농어촌 체험마을이 '개점휴업' 상태로 장기간 방치되고 있다.

강원도의 경우만 하여도 농특산물체험관을 운영 중인 양구군 A 마을에는 2013년 상반기 방문객이 150여 명에 그쳤다. 이 체험관은 지난 2009년 농림축산식품부 녹색농촌체험마을 조성 사업비를 통해 건립됐으나 성과를 내지 못하고 있다. 수학여행 등 단체방문객은 전무하고 겨울철에는 난방비 부담으로 체험관 운영이 중단되고 있다.

폐교를 활용한 숙박시설과 산촌체험관을 운영 중인 정선군 B마을도 올해 농어촌체험휴양마을 평가에서 '미흡 마을'로 분류됐다. 방문객과 체험시설 운영 실적이 거의 없다. 이 마을은 2012년 산림청 주관 산촌생태마을 조성사업 지원금(15억 원)을 통해 산촌체험관을 건립했으나 2013년에는 운영실적은 전무하다.

2013년 강원도에서만 방문객 저조 등 운영이 미흡한 것으로 평가된 농어촌체험휴양마을은 모두 3곳이다. 앞서 2012년에는 총 10곳이 '운영 미흡 마을'로 평가됐다. 2013년 현재 강원도에만 총 150곳의 농어촌체험휴양마을이 운영되고 있다.

충청남도에도 110곳의 휴양마을이 있다. 하지만 일부 마을의 경우 선정 초기 지원금을 통하여 체험관 설립 등 반짝 투자에 그쳐, 수학여행 등 단체 방문객은 전무하고 겨울철에는 난방비 부담으로 체험관 운영이 중단되고 있다. 이 같은 상황이 상당수에 이른 것으로 알려졌는데 농어촌체험마을이 관광객이나 학생 등으로부터 외면 받는 이유는 주민들 간 불협화음 때문이라는 지적도 있다. 대부분 마을 주민은 휴양마을 운영에 의지를 보이고 있지만, 일부 지역민은 불만을 털어놓고 있다. 주민 간 소득 배분에 이견을 보이는가 하면 운영에 대한 의지가 없어 휴양마을 운영이 파행을 겪기도 한다. 이처럼 국비 지원을 통해 조성한 일부 농어촌체험마을이 별다른 운영 실적 없이 방치되면서 예산만 날리는 경우도 빈번하다.

일부 농어촌 체험마을의 휴업상황은 생각만큼 쉽지 않은 농촌 현실의 단면을 보여주고 있다.

Part 4

깨어 있는
감각 의 지
유

노후에는 우리 모두 부자가 되어 보자

대개의 많은 사람들은 내가 다시 태어난다면 이러이러한 삶을 살고 싶다는 희망을 많이 한다. 최근 의학의 발달로 인간수명 100세 시대가 눈앞에 다가와 있다. 우리가 꿈꾸던 제2의 인생 실현이 그야말로 가능해지고 있다. 우리의 10대 후반, 20대 초반을 되돌아보자. 우리의 의지보다는 가족을 포함한 주변 사람들의 영향과 판단에 따라, 그리고 경우에 따라서는 당시 인기에 부합하여 많은 선택을 한다. 하지만 이제부터는 결혼, 출산, 직장생활을 거치며 얻은 경험과 통찰력을 바탕으로 평소 꿈꿔보던 이상적인 노후인생을 설계해 보자.

부자란 여러 개념이 있다. 우선 떠올리기 쉬운 것이 물질이 넉넉한 금전적인 부자이다. 하지만 주어진 시간이 조금씩 줄어드는 노후의 진정한 부자는 시간으로부터 자유로운 사람일 것이다. 부자는 평일 여행이 가능하다. 그러다 보니 삶 자체가 여유롭고 넉넉하다. 사람들이 붐비지 않는 시간에 여행을 즐길 수 있으니 그야말로 방문하는 여행지마다 현지의 아름다운 멋과 맛을 제대로 즐길 수 있다. 하지만 시간에 자유롭지 못한 사람들은 주로 주말이나 공휴일을 이용하여 여행을 하다 보니 비싼 비용과 더 많은 시간을 투자함에도 제대로 된 경치의 음미는커녕 여행을 통하여 오히려 피로감만 가중되는 경우가 많다.

노후에 경제적으로 기본생활을 할 수 있는 요건만 갖춘다면 누구나 부자가 될 수 있다. 인생의 후반기를 위해 자신만의 부자의 개념을 설계하고 이에 따른 명확한 라이프 플랜을 사전 준비한다면 누구나 하루하루가 즐겁고 풍요로운 부자로서의 노후생활을 영위할 수 있을 것이다.

*『부자 아빠 가난한 아빠』의 로버트 기요사키

'97년 IMF사태를 겪으며 우리에게 폭발적인 인기를 몰고 왔던 『부자 아빠 가난한 아빠』의 저자 로버트 기요사키의 아버지는 하와이 주 교육감으로 성공한 일본계 미국인이었다. 하지만 평생 금전적으로 쪼들렸고, 자식들에겐 지불해야 할 청구서를 남긴 '가난한 아빠'였다. 기요사키에겐 어린 시절 또 다른 '부자 아빠'가 있었다. 친구 아버지이자 사업가였던 '부자 아빠'로부터 그는 부자가 되는 법을 배웠다. '부자 아빠'의 핵심 메시지는 직업의 노예가 되지 말고 자기

사업을 시작하라는 것이었다.

　로버트 기요사키는 "월급 모아서 부자가 되는 사람은 없다. 은행에 저축해봤자, 이자가 몇 %나 되는가. 금융지식이 중요하다. 내 재산은 부동산 투자로 모았다." 등의 발언을 한 인터뷰에서 밝혔다. 그리고 많은 부를 축적한 지금도 탁월한 투자 감각을 바탕으로 활발한 강연 및 집필에 전념하면서 "투자가 내 유일한 취미다. 부자가 되는 법을 가르치는 일도 즐겁다."라고 밝히고 있는데, 그의 감각은 어릴 적 친구와 함께 친구 아빠의 가게에서 가게를 운영하면서 쌓은 비즈니스 감각이 그 원천을 이룬다고 하겠다. 아무리 빨라야 30세 전후에 체득하는 장사의 경험을 12~13세 부터 경험했기 때문에, 다른 사람들에 비해 일찍 사회흐름에 눈을 떴으며, 비즈니스 감각 또한 다른 사람들보다 훨씬 일찍 터득할 수 있었던 것이다.

　우리의 오감은 제한적이다. 우리가 관심을 가지고 찾는 것은 언뜻 봐도 잊히지 않지만 아무리 귀한 것이라 해도 그것을 보는 감각이 없으면 가까이 있어도 알아보지 못한다. 기요사키는 젊었을 때부터 돈 버는 것들에 대한 관심을 많이 기울임으로써 그의 제한된 오감을 재물을 보는 쪽으로 극대화한 것이다.

깨어있는 감각 유지의 필요성

이건희 삼성그룹 회장과 정몽구 현대차 그룹 회장은 우리나라 최고경영자로 대변되는 두 사람이다. 두 회장의 공통점은 적어도 언론에 비춰진 것만으로는 언변력이 없다는 것이다. 하지만 천재의 공통점인가? 부족한 언변 이면에 숨은 이들의 탁월한 경영감각은 2008년 이후 지속되는 세계적인 경기 불황 속에서도 우리나라의 경제성장을 견인하는 두 축이 되어 1997년 IMF사태와 같은 위기상황의 재발을 막는 결정적 역할을 하고 있다.

이건희 회장은 국내외에서 모두 인정하는 뛰어난 경영자이지만 정몽구 회장은 그의 탁월함이 국내에서는 여전히 저평가되어 있다. 해외의 관련업계는 이미 뛰어난 자동차업계 경영자로 몇 차례 선정하는 등 그의 능력을 인정하였음에도 여전히 국내 일각에서는 그의 경영자로서의 성공비결이 무엇인지 모르겠다고 할 정도이니 본인 스스로 높이 평가됨을 불편해하는 성격인지 의심될 정도이다. 아무튼 그의 경영능력은 언젠가는 반드시 새롭게 재조명되어야 할 부분이다.

2014년 우리나라 라면 원조인 삼양식품이 창립 90주년을 맞이하였다. 하지만 1970~80년까지만 해도 국내 라면시장의 50% 이상을 점유하며 절대강자로 군림했던 삼양식품은 이제 10% 정도의 점유

율을 간신히 유지하고 있다. 업계순위도 후발주자인 농심, 오뚜기에 이어 3위를 힘겹게 유지하고 있다. 스스로는 90년 역사의 비결을 다른 곳에 한눈팔지 않는 외길정신이라고 자축하고 있지만 시장점유율 감소 등의 경영성과를 보면 높은 평가를 하기에는 다소 무리한 부분이 많다.

세계의 경영을 외치며 한때 재계 5위권 내를 유지하던 대우그룹의 김우중 회장, 그는 국내의 어느 경영자보다도 일찍 세계시장으로의 진출을 추진하며 현지생산, 자원개발 사업 등에 매진했다. 하지만 그룹의 핵심계열사이던 자동차, 전자 등의 매출 부진, 현지에서의 예상치를 밑도는 사업성과, 때마침 불어 닥친 1997 IMF경제위기 상황하에서 그룹이 해체를 맞이하며 불명예퇴진을 하고 말았다. 심지어 그 여파가 그에 따른 법적인 책임 문제로까지 이어져 십여 년 이상을 해외에서 유랑하는 지경에까지 이른다. 젊은 시절 그의 노력 덕분으로 동유럽, 중앙아시아, 동남아시아 등에서는 대우 브랜드가 여전히 그 위력을 발휘하고 있지만 그는 우리에게는 실패한 과거 사업가 중 한 명으로 기억될 뿐이다. 이처럼 노년의 성공 여부는 인생 전체의 공과 평가에 중요한 영향을 끼친다.

우리 주변에 보면 고령층을 대상으로 하는 이런저런 사업이 번창하고 있다. 경로잔치를 빙자한 고가 건강식품이나 의료기 판매 등등 젊은 층이었으면 속된말로 씨알도 안 먹힐 사업이 60세 이후 세대를 대상으로 행해지고 있는 사례가 부지기수이다.

60세 이후로 나이가 들면 자산이 많고 적음에 관계없이 감각의 상실에 따른 판단의 실수는 자신뿐만 아니라 가족 전체의 삶에 엄청난 영향을 미치게 된다. 이렇듯 나이가 듦에 따라 가장 경계해야 될 것은 심신 쇠약 못지않은 감각의 상실이다. 역으로, 나이가 들면서도 건강한 육체와 신선한 감각을 유지할 수 있는 능력은 그동안 쌓아온 경험/통찰력을 새로운 기회에 접목하여 오히려 인생의 새로운 전환점을 만들어 내는 기회가 될 수 있다.

1) 웃음과 울음의 효과

* 웃음의 효과

우리나라 사람들이 무표정하다는 것은 이미 오래전에 나온 이야기지만, 실제 거리에서 마주치는 사람들의 표정을 보면 요즘의 사회를 살아가는 게 얼마나 힘겨운지를 말해주고 있다. 다들 무표정하고 멍한 얼굴을 보면 하루하루 전쟁을 하면서 살아가는 것 같다. 어려운 경제생활과 치열한 경쟁상황은 사람들의 얼굴에서 웃음을 앗아가고 있다.

분명히 웃음은 자유를 준다. 육체적으로는 근육의 긴장이 이완되고 피로감이 사라지며 감정적으로는 기분이 좋아진다. 웃음은 우리에게 긍정적인 기운을 전달해서 모든 괴로움을 사라지게 한다. 웃음에는 치유효과가 있다. 전문가들은 웃음은 면역력과 엔도르핀을 증가시키고 스트레스와 걱정, 우울증을 이완시킨다고 한다. 어떤 일을 당했을 때 웃을 수 있다면 모든 것이 쉬워진다. 기가 막혀도 웃음이 나오고 너무 기뻐도 웃음이 나온다. 웃음은 두려움을 무너뜨릴 수 있고 생명력의 에너지마저 다시 흐르게 한다.

인생에서 여러 가지 것들을 웃음으로 넘기지 않는다면 나쁜 에너지들이 쌓이고 쌓이다 결국 터져버린다. 웃음은 에너지이며 천연진통제이다. 웃음은 생존수단이다. 기쁘지 않더라도 웃고 있으면 얼굴 근육은 자연스럽게 이완된다. 얼굴에는 300개의 근육이 있는데 화가 나거나 두려움이 들면 이 근육들은 긴장한다. 이런 순간에 거울을 본다면 얼굴이 긴장되어 있음을 알 수 있다. 하지만 웃는다면 긴장은 곧 사라지고 한결 편안해질 것이다.

웃을 일이 별로 없는 세상이라고 한다. 그러나 웃을 일이 없어서 못 웃는다는 것은 핑계일 뿐이다. 재미난 일이 생겨서 웃는 것이 아니라 웃다 보면 재미날 일이 생기는 것이다. 웃음이 가진 위력은 사람의 마음에 긍정적인 여유와 자신감을 심어준다. 자신의 삶을 긍정적으로 돌려놓기 위해서는 웃음에 대한 노력이 필요하다.

*울음의 효과

미국 LA 타임스의 2005년 6월 15일자 보도이다.

햄버거를 한입 문 중년 남성이 갑자기 울음을 터뜨린다. 맥주를 마시던 여성도 고개를 뒤로 젖히고 짐승처럼 울부짖는다. 한 남자는 손에 든 사과를 보며 눈물을 흘린다. 대낮 거리를 걷던 여성도, 밤거리를 가던 남성도 한 손에 음식을 들고 울고 있다.

이런 해괴한 동영상을 볼 수 있는 사이트 '먹으면서 울기'가 대단한 성공을 거두고 있다. 2005년 5월 말 이후 1천 5백만 히트를 기록했다고 한다. 이 사이트가 대성공을 거둔 이유는 무엇일까. 엽기적 취향이 작용했다고 볼 수 있다. 음식이 입에서 흘러나오고 콧물 눈물이 뒤범벅되는 장면을 보며 네티즌들이 즐거워한다는 것인데 LA 타임스에 따르면 합리적인 설명도 가능하다. 이 사이트가 원초적인 욕망을 자극하기 때문에 인기라는 것이다. 어린아이들은 음식을 먹다가 울음을 곧잘 터뜨린다. 그러나 어른이 되면 음식을 먹으면서 울어서는 안 된다고 생각한다. 이 사이트는 '금지된 욕망'을 대리만족 시켜준다. 혹은 '슬픔이 밀려오면 마음 놓고 아무 때나 울어보라.'고 조언하는 셈이다.

과학적으로 눈물의 정화력이 웃음 대비 어느 정도인지는 정확히 알 수 없다. 하지만 가까운 이가 세상을 떠나는 상황, 혹은 연인과의 이별에서 경험하는 눈물의 정화력은 웃음의 그것 이상임은 직감적으로 알 수 있다. 요즘은 미인대회 TV중계를 사회적 분위기 때문에 보기가 힘들지만, 지난 시절 미인대회 하면 기억되는 것 중의 하나는 최종우승자인 '진'의 눈물이다. 지역예선, 합숙훈련 등을 거치며 지친 피곤함, 주변의 기대에 부응해야겠다는 부담감, 마지막까지 짓누르고 있던 긴장감의 해소가 일순간의 눈물로 표현된다.

웃음이 주로 안면근육을 활발하게 움직이고 이에 따른 몸 안의 진동을 유발시켜 몸 주요 부분의 기운을 소통시키고 몸의 이완을 촉진시키는 데 비해, 눈물은 타액 상태의 눈물까지 동원하여 기운을 소통시킴으로써, 특히 타액이 흐르는 눈, 코, 뇌 등을 중심으로 웃음보다도 큰 위력을 발휘한다. 감기에 걸렸을 때 우리 몸은 기침을 한다. 감기가 나으려면 반드시 우리 몸을 진동시키는 기침이라는 행위를 해야 한다. 콜록콜록 하면서 몸 안 이곳저곳의 세포를 일깨워 바이러스에 대항하게 만드는 것이다. 같은 맥락에서 울음의 진동은 눈, 코, 귀의 진동을 통한 뇌의 이완으로 마음의 감기라 불리는 우울에서 우리를 정상 컨디션으로 돌아오게 만든다.

어린아이들의 경우 어른들에 비해, 우울이 훨씬 적다. 그들은 어른들에 비해 현재에 집중하는 집중력이 훨씬 강하다. 기쁠 때는 한없이 깔깔거리고, 슬플 때 혹은 아플 때는 크게 울어 버림으로써 이런저런 고민거리를 그때그때 날려버린다. 태어난 지 얼마 안 되는 영아들에게는 울음 자체가 건강의 신호이다. 영아들이 잘 울지 않는 경우에는 어딘가 건강에 이상이 있다. 웃음과 울음은 감정에 대한 단순반응 그 이상의 작용, 즉 우리 몸의 균형 유지에 막대한 영향을 끼치는 중심추 역할을 하고 있다. 나이가 들면서, 피부가 노화되면서, 경제적으로 어려워지면서 우리는 웃음과 울음을 잃어가고 있다. 정확히 말하면 웃음과 울음을 잃어가기 때문에 노화가 활발히 진척되고 있는지도 모른다. 웃음과 울음에서 서서히 멀어져가는 요즘의 성인들에게 우울이 다가옴은 지극히 당연한 일인 것만 같다.

2) 본성을 찾아주는 춤

* 춤추는 기후차체공업

기후차체공업은 1940년에 설립된 토요타의 자회사로 토요타의 중소형 상용차, 특장차, 대형 지프를 주로 생산하고 있다. 토요타의 생산방식인 TPSToyota Production System가 전 세계의 주목을 받아, 많은 외부인이 토요타 생산방식을 체험하기 위해 견학코스로 이용하는 생산 공장이기도 한데, 다음과 같은 토요타 생산방식이 완벽하게 구현되는 공장이다.

- 토요타 생산방식의 대표적인 특징인 JITJust In Time, 즉 필요한 물건을 필요할 때마다 필요한 만큼 만들어 공급하는 시스템이 완벽하게 구현
- 부품의 품질이 3PPM으로 품질검사원이 필요 없는 공장(품질은 작업자가 보증)
- 완벽하게 간판을 이용하고 있으며 Vendor로부터 무검사 입고되며 자재창고가 필요 없는 현장
- 생산관리, 구매업무, 자재관리, 품질관리, 부품생산공장의 출하품질관리가 없어도 운영되는 체계의 현장
- 프레스현장에서도 필요한 양만큼만 생산하는 부정기정량 방식을 적용하고 있는 공장
- Profit 확보를 위한 설비내재화, 인력육성체계가 우수

기후차체공업이 보여주는 놀라움은 우수한 공장관리시스템 외에, 제조현장에서의 작업자의 몸놀림이다. 사람의 피로도를 줄이기 위해 고안된 그들만의 작업방식은 마치 춤을 추는 모습과 동일한 흐름을 보여주어 동영상 등으로 편집해서 자료를 보면 마치 춤을 추는 듯한 모습을 연상시키고 있다.

춤은 우리 몸의 흐름을 순행하는 몸동작으로 몸의 기혈을 풀어주어 피로를 회복하고 리듬을 찾아주는 작용을 하고 있다. 기후차체

공업에서의 사람 중심의 작업방식이 개선에 개선을 거듭하다 보니 어느새 인간의 피로도를 최소화하는 모양으로 변하여 흡사 춤을 추는 모습이 되고 있는 것이다. 우리 민족을 대표하는 노래인 아리랑은 그 애절한 곡조 안에 우리 몸을 흔들게 만드는 가락이 있다. '아리~아리랑~스리~스리랑~' 그 구성진 가락에 따라 몸을 움직일 때, 우리는 심신이 편안해짐을 느끼며 현재의 나에 집중하게 된다. 건전한 춤은 우리의 본성이며, 에너지이다.

3) 몸 안의 감각을 깨우는 "노래하기"

우리나라를 대표하는 전통민요 '아리랑'은 러시아에서 미국, 유럽에 이르는 우리 한민족을 하나로 모으는 구심점 역할을 하고 있다. 세계 각국에서 활동 중인 사업가들이 매년 모이는 세계한상대회 등에서 특히 그 위력은 더욱 빛을 발한다.

민족에게 있어 고유음악은 그 민족 자체라고 해도 큰 무리가 없을 듯하다. 노래는 '춤'과 함께 우리 삶에서 떼려야 뗄 수 없는 삶의 한 요소이다. 노래는 집단의 동질성을 유지하고 한 목표를 향해 나아가는 데 중요한 역할을 하기도 하며, 같은 집단에 소속되어 있음을 나타내는 이정표 역할을 한다. 노래는 이러한 강력한 역할로 인해 독재국가에서는 우상화를 위한 수단으로 사용되기도 한다. 노래는 몸 안의 내진을 일으켜서 몸 안의 균형을 잡아주는 역할을 한다. 무대에서 오랜 생활을 해온 가수들을 볼 때면 그들의 피부 노쇠화 정도가 일반인에 비해 훨씬 더디게 진행됨을 어렵지 않게 확인할 수 있다.

노동 강도가 높은 동아시아 직장인들에게 있어, 회식 후 대부분 찾는 2차 노래방코스는 거의 본능에 가깝다. 물론 다른 놀이문화가 없는 까닭이기 때문이기도 하지만, 노래를 통한 지친 몸의 회복을 위하여 본능에 가깝게 우리 몸이 그곳으로 끌려가는 것이다. 노래방에 가서는 자신의 건강을 위해서 기회를 주기가 무섭게 정열적으로 노래하자. 성공한 사람들은 노래방에 가서도 대충 시간을 보내지 않는다. 그들의 집중력은 뛰어나다. 모처럼의 휴식시간이요, 심신의 이완기회인데 대충 보낼 수는 없는 것이다.

노래는 목 안의 진동으로 시작되어 점차 그 기운이 배 아래쪽으로 골고루 퍼진다. 슬프거나 기쁠 때 부르는 다양한 형태의 노래는 그 치유력에 있어 웃음, 울음과 공조를 견고히 하고 있다. 대부분의 사람들은 어떤 형태로든지 음악, 노래에 노출되어 있다. 피곤하거나 스트레스를 받을 때, 욕을 내뱉을 수도 있지만, 노래를 불러보자.

정신집중이 잘 안 될 때, 아이디어가 잘 나오지 않을 때는 무반주로 부를 수 있는 가곡 한 곡 불러봄도 좋을 듯하다. 어릴 때 악기를 배우는 것이 지능발달에 도움이 된다는 것은 일반인들이 널리 인정하는 사실이다. 악기를 연주하는 것은 특히 촉각을 발달시킴으로써 우리의 오감을 활성화시키기 때문이다. 피아노 치는 여인의 모습은 아름답다. 연주하는 동안 느껴지는 아름다운 화음의 진동과 그 진동에 흠뻑 취해있는 연주자 고유의 매력이 그 순간만큼은 생생하게 느껴지기 때문이다.

우리 조상들은 힘든 노동일을 할 때 노동요를 불러왔다. 벼농사를 하는 들판에서, 거센 풍랑이 몰아치는 바다에서 노동요를 통하여 이겨내는 기운을 얻어왔던 것이다. 노래, 리듬이 없었다면 그 지루하고 힘든 시간들을 버텨내기 어려웠을 것이지만 몸의 기운과 순방향인 리듬을 타면서 어려운 시간들을 이겨내고 그들의 작은 목표들을 성취해내게 만든 것이다. 신께서 인간에게 사고력이라는 능력을 부여함으로 해서 선택이라는 고통을 가져다주었다면, 노래와 춤을 만들어내는 능력을 줌으로써 그런대로 살 만하게 만들었다.

4) 108배

108배는 다른 어떤 운동보다도 몸 전체 중요한 기혈들을 자극하여 몸의 중심을 잡아주고 있다. 머리끝 백회부터 발끝 용천까지의 중심축 대부분을 자극하고, 어깨 한쪽에서 다른 한쪽까지의 라인을 자극하며 몸을 십자축으로 자극하고 있다.

2~3가지 암이 발병하여 심한 고통을 겪던 사람이 10,000배 수련

을 통해 이겨냈다는 기사를 읽은 적이 있다. 몸의 중심축을 이루는 경혈을 끊임없이 자극하는 108배 수련법의 가치를 되뇌어 보면 충분히 그럴 만하다고 하겠다. 몸을 전체적으로 느린 속도로 균형적으로 자극하기 때문에 우리 몸 세포의 감각을 일깨우는 데 이만한 운동이 없는 것이다.

우리 몸은 소우주이다. 어떤 조직에서도 조직원을 알아주는 리더에게 충성도가 높은 것처럼, 우리 몸의 세포도, 내가 우리 몸의 감각을 주기적으로 자주 일깨워 줄 때 전체적인 생명력이 왕성해진다. 108배는 또한 몸의 낮춤과 지루한 반복의 자세를 통하여 우리가 오만해지는 것을 경계한다. 조금의 게으름만 피워도 그 동작은 지루해짐을 느낀다. 다른 운동들과 마찬가지로 여타의 쉬운 방법이 없다. 겸허한 마음 낮춤만이 유일한 도우미인 것이다.

우리 주변에도 매일의 건강 유지를 위하여 108배를 드리는 분이 제법 많다. DJ정부 때 문화부장관을 지냈던 한 정치인도 언론보도에서 매일 108배로 하루를 시작한다고 했다. 오랫동안 108배를 통해 몸과 마음을 단련함으로써 장관으로서 막중한 역할을 하는 데 많은 도움을 받았다고 한다. 불교인 중심으로 부처님께 예를 드리거나 혹은 자신의 심신을 다스리는 방법으로 사용되던 108배는 어느덧 비불교인들에게까지 그 영역을 넓혀가고 있다.

Part 5

부동산은 살아있다

불황기의 富/호황기의 富

도시팽창이나 개발에 따른 급격한 인구유입이 빈번한 호황기에는 새로운 부가 창출됨에 따라 전체의 자산가치가 늘어나게 되는데 이때에는 부동산이나 주식 등의 자산가치가 고루 상승한다.

즉, 기존 사회의 부(90)+신규 부의 창출(10) ⇒ 100

하지만 불황기에는 새로운 가치의 부가 미미하여 전체적인 부의 크기는 늘어나지 않는다. 하지만 우리사회의 돈은 물과 같이 언제나 흐른다. 불황기에는 새로운 부의 창출영역이 적은 대신 상대적으로 고평가된 부분에서 저평가된 부분으로의 이동이 주류를 이룬다. 이에 따라 호황기 대비 부의 변동이 상대적으로 크게 보이지 않을 따름이다.

기존 사회의 부(90)+신규 부의 창출(0) ⇒ 90(기존 가치 내에서 내부
적으로 상대적인 가치의 변동이 주류를 이룸)

다음은 공공기관의 지방 이전과 맞물려 조성되는 지방 혁신도시
와 관련된 2014년 2월 매일경제의 기사이다.

김천시 율곡동에 자리 잡은 경북혁신도시는 KTX는 물론 안
팎으로 연결되는 도로망이 이미 완비됐다. 지난해 9월 경부고
속도로와 직접 연결되는 동김천IC가 개통하면서 서울은 물론
부산·대구 등 대도시까지 접근성이 높아졌다.

김천시 율곡동 경북혁신도시에서 LH가 공급하는 땅은 100%
분양이 머지않았다. 아파트 용지와 단독주택 용지는 이미
100% 계약이 성사됐다. 다음 달 전매제한이 풀리는 '현대엠코
타운 더플래닛'도 높은 분양가 부담에도 불구하고 2,000만 원
가량 프리미엄이 형성돼 있다. 7월 한국도로공사(1,046명)가 이
전을 하면 혁신도시 상권도 본격적으로 형성될 것으로 보인다.

전주에 위치한 전북혁신도시에는 지난해 12월 입주를 시작
한 B11블록 '전북혁신도시 호반베르디움'에 실수요자가 대거
몰리며 매매 물건 씨가 말랐다. 전주혁신도시도 KTX는 물론

호남고속도로와 인접해 서울·수도권 접근성이 좋고 정부 주요 부처가 자리 잡은 세종시도 자동차로 40분이면 닿을 수 있다. 인근 부동산 관계자는 "분양가 대비 10% 넘는 프리미엄이 붙었는데도 거래가 잘되고 있다."며 "전주 완산구 신시가지에서 집값 상승으로 재미를 본 지역 자산가들이 혁신도시로 몰리는 분위기"라고 말했다.

◆ 구도심 공동화는 '염려'

김천에서는 주말이면 이주 기관 직원들이 1시간 30분 거리인 서울, 1시간 10분 거리인 부산, 30분 거리인 대구 등으로 썰물처럼 빠져나갈 수 있다. 부동산업계 관계자는 "경남 밀양도 KTX역이 생기고 고속도로가 확충되면서 부산경제권으로 흡수됐다."며 "경북혁신도시도 대구나 구미 경제권으로 흡수될 수 있다는 염려가 있다."고 말했다.

최신 생활편의시설을 갖춘 혁신도시가 들어서면서 낙후된 기존 구도심은 공동화 현상이 가속될 것이란 염려도 있다. 전북도청이 있는 전주 신시가지에서 약 5㎞ 떨어져 있는 전북혁신도시는 전주시청이 위치한 구도심은 물론 신도시 주민 수요까지 블랙홀처럼 빨아들일 가능성도 배제할 수 없다.

이러한 기사는 현재와 같이 순 자산가치의 창출이 쉽지 않은 경기 침체기에 상대적으로 우량한 자산으로의 가치이동 상황을 보여준 사례이다.

지난 세월을 되돌이켜 보면 35년 전에 300원 하던 영화관 입장료가 9,000원으로 30배 정도 올랐고 30년 전 2,000만 원이던 잠실 13평의 아파트 가격은 재건축을 통하여 9억 원 정도의 아파트로 변화해 있으니 45배 정도 가격이 상승하였다. 자산의 명목가치가 오르니 버틸 여력만 있으면 버티는 것이 낫다는 생각을 할 수도 있다. 하지만 전체적으로 상승을 하기는 하나 상대적으로 오르는 자산과 그렇기 않은 자산으로 나뉘어져 있어 가만히 있을 경우 실질 자산가치의 하락으로 이어질 수 있다. 우리는 직업선택을 할 때 상대적으로 높은 보수, 복리후생 등 상대적 가치를 고려하여 선택하게 된다. 이렇듯 직업의 선택에 있어서는 상대적 가치에 있어 유리한 위치를 확보하기 위해 엄청난 노력을 기울이면서 자산가치의 변화에 있어서는 무관심하다.

끊임없는 가치의 변동

2012년 하반기부터 본격화된 정부 세종청사의 이전으로 인하여 형성된 세종시의 APT 가격은 2012년 기준 가장 높은 상승률을 보인 반면 이에 따른 인구유출이 가장 많았던 과천은 수도권에서 가장 높은 가격 하락률을 보였다. 세종시와 과천시의 가격변동은 끊임없이 진행되는 가치변동의 사례들이다.

* 부산 남산동

다음의 사례는 2014년 2월 한 매체에 보도된 부산외대 인근 남산동의 사례이다.

2014년 2월, 부산 금정구 남산동 부산외국어대 신축캠퍼스 일대인 부산도시철도 4호선 남산역에서 부산외대 신축캠퍼스 정문까지 가는 길에는 '원룸 임대', '아파트 매매' 등의 현수막이 곳곳에 내걸려 있다.

부산외대는 3월부터 기존 부산 남구 우암동 캠퍼스를 마감하고 남산동 신축 캠퍼스로 이전해 새 출발을 하게 된다. 이로 인해 평소 상권이 활발하지 않은 지역에 속했던 남산동 일대에 부산외대 캠퍼스 이전으로 약 9,000명의 신규 유동인구가 유입될 것으로 예상됨에 따라 부동산 투자자들의 움직임도 빨라지고 있다. 인근 100여 개 동의 원룸주택은 이미 임대가 마감되어 더 이상 구하기 힘들고 이로 인해 월 35만 원 수준이던 신축원룸의 월세가 월 45만 원 수준으로 30%가량 수직 상승하였다.

부산외대 캠퍼스 이전을 앞둔 남산동 일대는 대학로에 걸맞게 각종 카페와 프랜차이즈 업체들이 줄줄이 들어서고 있다. 학교 인근의 개업한 지 얼마 안 된 가게들이 문 앞에 화환을 진열하는 등 판촉활동도 갈수록 뜨거워지는 분위기다. 실제로 부산외대 입구 근처의 우회도로 지역만 하여도 부산외대 이전까지만 해도 급매물건조차 거래하기 어려웠는데 최근 10% 이상의 상승에도 불구하고 매물 찾기가 어려워졌다는 것이 근처 부동산 업주들의 설명이다.

이와 같이 우리 주변에는 부동산에 영향을 끼치는 수많은 변동들이 끊임없이 일어나고 있다.

2016년 2월의 부동산 시장은 지난해 상승분을 감안하여 숨 고르기에 들어갈 가능성이 크다. 하지만 교통여건 개선 등 호재가 있는 지역은 장기적으로 가격이 상승하는 추세다. 특히 고속도로와 KTX 가 개통된 지역은 생활권을 확 넓혀놓는 효과가 있는 만큼 입지조건 과 개발가능성을 꼼꼼히 따져 알짜배기 투자처를 찾는 게 중요하다.

* KTX역 인근 지역

2016년 8월 개통하는 수서발 KTX는 서울 강남구 수서에서 경기 도 화성시 동탄, 평택까지 연결된다. 그다음부터는 기존 경부고속 철도망과 이어진다. 운행이 시작되면 이용객들은 강남이나 강북 지 역에서 부산, 목포 구간으로 이동할 수 있게 된다. 수서~평택 구간 은 기존 경부선에 비해 직선화돼 수서~부산 구간이 서울~부산 구간 (총 423.8km)보다 20km 정도 운행거리가 짧다. 따라서 부산까지 이동 시간도 더 절약될 전망이다. KTX역의 수혜지역은 최근 그 개발 계 획이 구체화하여 발표된 서울 삼성동 지역도 예외는 아니다. KTX가 개통되는 2021년경, 이와 연계한 영동대로 지하 도시화 계획이 보도 되었는데 이에 따른 인근지역 부동산에 대한 구입 문의가 급증하고 있다는 내용이 국내언론에 보도된 바도 있다.

추가로 주목해야 할 지역은 평택이다. 수서역까지 20분대로 진입 이 가능해질 뿐 아니라 삼성전자 반도체 공장과 미군기지 이전으로 배후 수요도 탄탄하다. 또한 강원도 원주도 주목할 만한 지역이다. 인천공항에서 청량리를 거쳐 서원주까지 이어지는 중앙선 KTX 서원주역이 2017년 개통된다.

* 고령화에 따른 선호도 변화

인구 고령화에 따라 주거시설의 잉여 증가 문제가 거론되고 있지만, APT의 경우는 고령층에게는 상대적으로 적은 난방비며 그 편의성으로 선호도는 오히려 증가할 가능성이 높다. 다만 가족 수 감소 및 여유자금 확보 차원에서 대형 평수보다 중소형 평형으로의 바꿔타기 수요가 증가할 가능성이 예측됨에 따라 중대형 평수 가치의 하락이 다소 우려될 뿐이다. 다음은 2013년 한 뉴스매체에 소개된 부동산 써브의 설문조사 내용이다.

부동산정보업체 (주)부동산 써브가 전국 회원 중개업소 748곳의 공인중개사를 대상으로 '중소형·중대형 전망'을 주제로 설문조사를 실시한 결과, '중소형 인기 추세가 언제까지 지속될 것으로 보는가.'라는 질문에 응답자 77.1%(577명)가 '경기 회복과 관계없이 지속적'이라고 응답했다. 반면 나머지 22.9%(171명)이 '경기 회복이 진행될 때까지 일시적'이라는 의견을 보였다.

'중소형 선호도가 중대형보다 높은 가장 큰 이유는 무엇인가.'라는 질문에는 응답자의 63.1%(472명)가 '인구 구조변화(베이비붐 세대 은퇴, 핵가족화)'를 꼽았다. 이어 '중대형 대비 낮은 매매(분양)가격 및 유지비'가 22.9%(171명), '중대형보다 가격 하락 방어에 유리'가 13.1%(98명), '발코니 확장 가능(신평면 등장)' 0.9%(7명) 등 순이다.

'4인 가족이 거주하기에 가장 적합하다고 생각하는 전용면적'을 묻는 질문에는 71.0%(531명)가 '전용면적 84m²'를 꼽았다. 이어 '전용면적 102m²'가 15.5%(116명), '전용면적 74m²'가 9.8%(73명), '전용면적 59m²'가 3.7%(28명) 순이었다.

'중대형 아파트 가격이 많이 하락해 있는 현 시점에서 고객에게 중대형 매수를 권하겠는가.'에 대한 질문에는 57.6%(431명)이 '권하지 않는다.'고 답했으며 '권한다.'는 응답은 2.4%(317명)였다.

부동산은 재화이다

2013년 케이블 TV를 강타한 프로그램 중에 '꽃보다 ○○' 시리즈가 있다. 그중에서도 우리나라에게 잘 알려지지 않은 터키와 크로아티아의 유명 관광지를 소개한 '꽃보다 누나' 편을 인상 깊게 보았다. 크로아티아에는 1,500년이 넘는 유적지 스플릿, 옛날의 성곽 모습을 고스란히 간직하고 있는 지중해 최고의 미항 두브로브니크 등이 있는데 그중 스플릿은 로마제국 당시 황제의 별장지로 유명하다. 더욱 놀라운 사실은 수천 년 전 로마시대의 궁궐이 현지인들의 APT며 호텔, 상점 등 생활시설로 여전히 사용되고 있으며 현지인들에게 비교적 높은 수입을 가져다주는 부동산이 되고 있다는 점이다. 1,500년 전부터 좋은 날씨, 아름다운 해안가의 풍경 등으로 세계 최고의 권력자가 탐냈던 그곳의 가치가 수천 년이 지난 지금에도 여전히 유지되고 있다.

국립공원의 유명 산자락에는 항상 유명 사찰이 자리 잡고 있고 그 곁에는 어김없이 아름다운 계곡 또한 자리하고 있다. 이에 따라 국립공원을 구경하기 위해서는 사찰을 통과하며 일정액의 통과료를 지불하고 있다. 호황이든 불황이든 간에 아름다운 풍경을 가진 좋은 위치가 가지는 가치는 이처럼 쉽사리 변하지 않고 있다.

중국 자본이 제주도로 밀려들며 제주도 부동산 가격이 크게 오르고 있다. 일각에선 "제주도가 중국 땅이 되고 있다."는 우려의 목소리가 나올 정도이다. 2014년 초 한국감정원과 국토교통부에 따르면 제주도의 아파트와 토지 가격은 급상승 중이다. 2012~2013년, 2년간 서울과 수도권의 아파트 매매가는 각각 7.8%, 6.5% 하락했지만, 같은 기간 제주도의 아파트 매매가는 8.6% 올랐다. 제주도의 토지 가격은 2013년 11월 기준 전월보다 0.24% 올랐다. 이는 세종시에 이어 전국 지가 상승률 2위에 해당하는 수치다.

국내 최고의 관광지 제주도의 부동산은 과거 수년 동안 상대적으로 높은 물가, 불친절 등으로 상대적으로 저평가를 받아왔다. 하지만 인접한 중국의 경제성장에 따라 중국이 자랑하는 남부의 하이난 섬을 뛰어넘는 아름다운 비경을 가진 섬 제주도의 재도약은 이미 충분히 예견되었는지도 모른다.

사람들의 오감은 크게 다르지 않다. 아름다운 환경, 아름다운 곳에서의 거주는 누구나 소망하는 삶이기에 새롭게 조성되며 좋은 생활여건을 갖춘 주거지의 부동산은 다른 어떤 재화들 못지않게 상당한 수익을 가져다주는 재화가 되곤 한다. 다음의 사례는 국외투자 사례이기는 하지만 국내 대표기업 삼성 또한 부동산 투자를 한다는 보도 기사이다. 이처럼 부동산은 안정적인 노후를 위하여 꾸준히 관심을 가져야 할 재화임이 분명하다.

* 삼성의 부동산 투자

다음은 2016년 1월 13일 매일경제의 기사 내용이다.

삼성생명, 삼성화재, 삼성증권, 삼성SRA자산운용 등 삼성 금융계열사들이 출자해 만든 부동산펀드가 프랑스 파리에 있는 대형 오피스 빌딩을 약 4,000억 원에 인수한다. 지난해 국외 부동산 투자를 위해 만든 펀드에서 두 번째 성과를 낸 것이다.

13일 투자은행IB 업계에 따르면 삼성 금융계열사들이 지난해 결성한 국외 부동산 펀드는 최근 프랑스 파리 북서부에 위치한 '소 웨스트SO OUEST 오피스 타워' 인수를 위한 우선협상대상자로 선정됐다. 인수 예상 가격은 4,000억 원대 초반으로 전해졌다. 2012년 개장한 대형 쇼핑몰 소 웨스트와 붙어 있는 최신식 오피스 빌딩으로, 지하 3층~지상 24층 높이에 연면적이 약 3만 3,000m²에 달한다. 글로벌 정보기술IT기업 SAP가 장기임차 중인 건물로 임차기간이 10년 이상 남은 것으로 알려졌다. 아직 실사를 진행 중이지만 연 6~7%대 안정적 수익이 기대된다.

삼성 금융계열사들은 지난해 6월 국외 부동산 투자 확대를 위해 '삼성SRA글로벌코어오피스사모부동산투자신탁 제1호'를 결성했다. 이 펀드는 삼성생명·삼성화재·삼성증권이 출자해

5,000억 원 규모로 결성했으며 금융사 대출 등을 고려한 레버리지 효과를 감안할 때 총 투자 가능 규모는 1조 원을 웃돈다. 이 펀드는 첫 투자로 지난해 9월 미국 시카고 랜드마크 중 하나인 'BMO 해리스 은행' 본사 건물을 약 3,800억 원에 인수했다. 시카고 시청 인근에 위치해 있으며 각각 21층, 23층, 38층짜리 3개로 구성된 복합 건물로 연면적이 10만m²에 달한다.

부동산 투자업계 관계자는 "펀드 운용을 맡은 삼성SRA자산운용은 이번 투자건 외에 추가로 자산 한두 건을 펀드에 담을 예정"이라며 "현재 미국·유럽·호주 지역 오피스 빌딩을 중심으로 투자처를 물색 중인 것으로 안다."고 말했다.

우리나라를 넘어 글로벌 기업으로 우뚝 자리 잡은 삼성의 금융사들이 국외 부동산투자를 확대하고 있다. 독일, 영국, 호주 등 외국 주요 도시의 부동산 가격이 최근 꾸준한 상승세를 타고 있다는 보도를 접한 적이 있는데 삼성에서도 글로벌 양적완화로 인한 세계 주요 도시의 부동산 가치 상승 가능성을 높이 평가하고 있는 것이다.

우리에게 부동산의 의미

첫째, 부모에게 물려받은 재산이 별로 없이 인생을 출발하는 보통 사람들에게 부동산은 초기 일정한 금액을 만드는 데 중요한 역할을 한다. 주식은 개인이 기업형 자금과 경쟁을 해야 되니 확실히 버겁다. 확신을 가지고 어떤 기업에 투자를 한다고 해도 거대 자본이 이런저런 명분을 가지고 흔들어대면 여간해서 버티기 쉽지 않다. 뚝심과 확실한 기업의 가치를 읽는 안목이 있지 않고는 성공하기 쉽지 않다.

하지만 부동산은 주식과는 달리 한 번 투자하면 그 관련 세금 등 투자에 따른 부대비용 등으로 인하여 자연스럽게 2~3년은 버티게 된다. 그러다 보면 어느새 적지 않은 차액이 발생할 수도 있는 재화이다. 특히 주거용 부동산은 거대자본과의 경쟁도 없음에 따라, 사회의 트렌드에만 관심을 가져도 적지 않은 이익실현이 가능한 대상이다.

둘째, 경기 호황으로 돈이 많이 풀리는 시기에는 돈은 어김없이 부동산에 흘러가 재화로서 그 충분한 완충작용을 하고 있다. 여기서 완충 작용이라 함은 부의 재분배를 통해(전체적인 관점에서 볼 때) 격차가 생길 수 있는 상황을 완화하는 역할을 하고 있다는 것이다.

일례를 들어보자. 철 완제품의 국제수요가 늘어 포스코 등 철강 업체가 큰 수익을 거두어 직원들에게 상당한 성과급을 주었다고 가정해보자. 이런 경우 대개는 포스코 직원이 다수 거주하는 포항지역에 돈이 많이 풀려 부동산 가격이 상승함에 따라 그 효과가 지역경제에도 일정부분 분산되게 하는 완충작용을 한다. 이와 같이 완충 역할을 하는 부동산이 화폐의 양적 완화 시기에 그 완충 역할로 인해 그 가치가 동반 성장하는 것은 당연한 이치일 수밖에 없다.

앞에서 언급한 바와 같이 현재 국내외 경제는 공급과잉으로 인한 불황의 상황에 처해있다. 그러면 그 해법은 무엇이 될까? 기업은 새로운 수요를 이끌어 내기 위한 혁신적인 제품을 만들어 내기 위해 노력할 것이다. 예를 들어 자율주행차, 업그레이드된 전기차, 실생활에 접목될 수 있는 드론 등등. 하지만 새로운 제품이 기존 공급을 대체하면서 수요와 공급의 균형을 자연스럽게 만들기 이전까지 세계경제는 돈 가치를 떨어뜨려 인위적으로 수요를 일으키는 방법으로 수요와 공급의 균형을 유지하며 버틸 가능성이 크다. 간단히 말해 '당신들 돈 가지고 있어봤자 돈 가치 계속 떨어지니 뭐라도 사는게 나을걸.'과 같은 방법인 것이다. 이러한 방법은 당연히 중산층 소비의 핵심 역할을 할 부동산의 주기적인 부양으로 이어질 가능성이 높다. 현재는 한 나라의 부동산 시장 상황이 그 나라 내수 경제상황과 직결되는 상황이기 때문이다. 따라서 현재와 같은 불황기에는 외국인들에게도 살 만한 부동산을 만들어내 국내 부동산 가치를 상승시키고 이를 통해 내수시장 활성화를 하는 것도 수출 못지않게 중요한 요소이다.

최근 이 같은 흐름에 따라 중국과 베트남 등지에서도 외국인들에게 부동산 구입조건을 대폭 완화하고 있다. 중국에서는 거주 2년 이상 거주자 등 조건에서 누구든 중국의 부동산을 살 수 있도록 완화했고 베트남은 유학생을 포함한 단기 체류자에게까지 그 구매조건을 완화하고 있다.

1) 휴지조각 된다던 달러가치, 다시 살아난 이유는?

유통화폐 대비 부족한 자산으로 인해 부도사태에 이르렀던 미국 경제를 단기간에 살린 것 중의 하나는 미국 부동산 경기의 회복이다.

최근 미국은 주택·서비스업을 중심으로 거시경제 상황이 나아졌다. 달러 유동성 확대에 따른 미국 경제 환경 개선으로 미국 내 부동산 선호도가 회복됨으로써 미국 경제를 견인하는 주요인으로 작용한 것이다. 실업률이 완전고용에 가까운 5%까지 낮아져 2015년 12월 미국 연방준비제도는 9년 반 만에 처음으로 기준금리를 올렸을 정도다.

* 미국의 112조 원 운용 사모펀드사 블랙스톤의 견해

글로벌 부동산 업계 '큰손'인 블랙스톤사의 그레이 대표는 최근 한국 기관투자가들의 투자가 늘고 있는 미국 부동산시장에 대해 비교적 낙관적인 전망을 내놨다. 부동산 상승으로 인한 미국 금리 상승 우려가 과도하다는 지적이다. 그는 "미국 금리 상승과 중국 경기 불확실성이 장기적 관점에서 새로운 투자 기회를 제공할 것"이라며 "특히 미국 부동산시장은 오히려 최근 견조한 미국 경제와 부동산 수급 여건을 반영할 때 하락 가능성은 낮고 완만한 상승세가 이어질 가능성이 크다."고 말했다.

그는 "그동안 미국 부동산 가치는 금리 인상보다 거시경제에 따른 영향을 받아 왔다."며 "1994년과 2004년 미국 정부가 경기 과열을 막기 위해 금리 인상을 단행한 시기에 미국 부동산 가격은 동반 상승했다."고 강조했다. 일반적으로 금리 인상은 경기 회복 등 시장 개선에 대한 확신을 반영하는 것인데 과거 미국 부동산시장을 보면 이 같은 방향성이 금리 상승에서 오는 비용 부담을 충분히 극복할 수 있을 것이란 판단에서 부동산 가격이 강세를 보였다는 설명이다. 그 레이 대표는 불확실한 시대에 오히려 장기적으로 부동산 투자에 좋은 기회가 열리고 있다고 자신했다.

2) 중국인들의 Buying Power

* 중국 선전 집값 10년 새 5배 올라

미국 상하이, 북경, 선전 등 인기지역의 50평대 아파트 가격이 10억 원을 넘어서고 있다. 초기 2억 원대에 불과하던 아파트가 5배 상승함으로써 중국인들의 소비를 견인하는 데 중요한 역할을 하였다. 하지만 현재 중국 부동산 가격은 더 이상 오르기에는 쉽지 않은 상황이다. 그들의 소득을 고려할 때 10억 이상을 견인할 세력이 많지 않기 때문이다. 이런 상황이 최근 중국 내수 소비시장 성장 전망치를 어둡게 만들고 있다.

* 베이징 3평에 10억 부동산 등장

다 쓰러져가는 중국 베이징의 시청구 원창 후퉁(胡同·골목)의 11.4 평방미터(㎡)의 주택이, 총 530만 위안(9억 9천만 원)에 팔렸다고 중국 앙광망央廣網이 3일 보도했다. 앙광망은 해당 주택이 원창지역의 골목 깊은 곳에 있는 볼품없는 외딴 주택으로 오래되어 허물어져 가는데도 최고가로 팔렸다고 전했다.

원창 후퉁은 베이징의 뒷골목이 대부분 그러하듯 전통적인 사합원 양식의 주택이 많지만, 한눈에 빈곤이 묻어나는 판자촌을 연상시키는 소규모 집들이 다닥다닥 붙어있는 곳이다. 베이징의 심장이라고 할 톈안먼 서쪽 3㎞ 지점에 있는 원창 후퉁은 최근 몇 년 새 집값이 천정부지로 오른다. 이런 '마술'의 비밀은 바로 학군이다. 원창 후 통에서 엎어지면 코 닿을 곳에 중국 최대 명문인 베이징 제2실험초 등학교가 있기 때문이다.

중국 부동산 중개업체인 롄자에 따르면 우리의 강남에 해당하는 또 다른 지역 하이뎬구 한 아파트의 m²당 매매가는 18만 위안(약 3,400만 원)에 달한다고 보도했다. 당초 이 아파트는 모 국영기업 소유였는데 90년대 중국 정부가 부동산을 사유화하면서 회사는 m²당 3,000위안(약 한화 56만 원) 아파트를 직원들에게 불하했다. 이후 평당 가격은 20여 년 만에 60배로 뛰었다.

3) 2015년 한국자동차 내수판매 세계 10위

2015년 높은 부동산 가격 상승에 힘입어 내수 자동차 시장 또한 높은 성장세를 보였다. 자동차 회사들의 역할이 큰 탓이 아니라 부동산 시장 활성화가 자동차 및 가전 시장 백화점 등 유통시장에 온기를 불어넣고 있는 것이다. 수출 확대에 따른 효과가 국내 부동산 시장에 유입되고 그 응축되었던 에너지가 필요시 내수 활성화로 빛을 발하여 기업의 수출경쟁력에 도움을 주는 매개체 역할을 하고 있다. 다음은 2016년 2월 26일 연합뉴스에 보도된 내용이다.

　2015년 한국 자동차 내수 시장 규모가 개별소비세 인하 효과 등에 힘입어 전년보다 커지면서 한 계단 상승한 세계 10위를 기록했다. 한국자동차산업협회KAMA는 지난해 국가별 자동차 내수규모를 집계한 결과 한국이 전년대비 10.3% 증가한 183만 대(신규 등록 기준)의 최대 판매 실적을 기록하며 처음으로 내수 규모 10위권에 진입했다고 26일 밝혔다.

　한국 내수시장 규모는 세계의 2.0%로 이는 전 세계에서 팔려나간 자동차 100대 중 2대가 국내에서 소비됐다는 의미다. 협회 측은 "우리나라 내수 규모가 전년보다 10%가량 늘어난 것은 개별소비세 인하 정책과 스포츠유틸리티차량SUV 수요 확대 등의 영향이 커 보인다."고 설명했다.

4) 2016년 4월 12일자 「수출 내리막, 재건축 연한 단축」 기사

　2016년 매일경제 12면에 '4월 수출 내리막'이라는 기사가 제법 크게 보도되었다. 석유제품 수출액 급감이 주요인이라고 전하고 있다. 전월·동월 대비 근무일이 2일이나 줄기는 했지만 25%나 감소하여 2~3월 반짝하던 수출 회복세조차 염려된다는 내용이다. 한편 같은 날짜의 28면에는 '재건축 연한 단축, 노원/양천 들썩'이라는 타이

틀로 기사가 보도되고 있다. 노원과 양천구에 재건축 연한 단축으로 인하여 혜택을 보는 아파트 단지가 다수 있어 해당 지역 부동산 시장이 술렁이고 있는 것이다. 수출 실적 회복이 쉽지 않은 상황에서 정부의 부동산을 포함한 내수 부양 의지가 나타난 대목이다.

2008년 세계 금융위기 직후 엔고, 대중국 수출 호조, 동일본 대지진 등등의 영향으로 석유화학, 조선, 자동차, 가전 등 주력산업이 견조한 수출 성장세를 보이며 우리경제가 비교적 빠른 회복을 보임에도 홍콩, 호주, 미국 등과는 달리 서울·수도권 등 부동산이 비교적 안정적 가격을 유지하고 있는 것에 의구심을 가진 적이 있었다. 당시 수출이 우리경제를 충분히 지탱할 수 있는 여력이 있는 상황하에서 무리한 내수 부양을 하지 않고 그 여력을 보존해 온 것이 지금 유용하게 그 효과를 발휘할 힘이 되고 있다.

5) 해외 부동산 시장의 사례

* 폭등하는 호주 부동산

잘 보존된 자연환경, 인구대비 넓은 국토면적으로 우수한 주거환경을 자랑하던 호주의 부동산이 글로벌 양적 완화, 중국인들의 부동산 매입 증가 등에 힘입어 급등세가 지속되고 있다. 다음은 2015년 10월 연합뉴스에 보도된 내용이다.

　　호주 시드니에서 수년 전 아파트를 분양받아 집값 상승 기대 속에 입주만을 기다리던 한인 등 많은 시민이 '날벼락'을 맞고 있다. 분양 당시에 비해 완공 단계로 가면서 값이 폭등하자 곳곳에서 부동산 개발업체 측이 일방적으로 계약을 파기하고 있기 때문이다. 특히 한국계와 중국계 등 아시아계가 선호하는 지역에서 이런 현상이 두드러지면서 한인들의 피해도 불어나고 있다. 이에 따라 한인들이 많이 거주하는 리드컴에서 아파트를 분양받았다가 계약 취소를 당한 한인들은 집단소송에 나서기로 했다. 이번처럼 업체들이 일방적으로 계약을 파기하고 나온 데는 관련법에 '일몰 환수'sunset clawback 조항이 있기 때문이다. 애초 이 조항은 약속 기간 내 완공이나 등기가 안 될 것에 대비, 구매자 보호를 위해 마련됐다. 하지만 뉴사우스웨일스NSW주 법으로는 구매자나 판매자 모두 이 조항을 이용할 수 있어 판매자 측이 이를 악용하는 것으로 풀이되고 있다. 업체 측은 2009년에 아파트 37채를 분양했다가 수년이 지나 계약을 일방적으로 파기했다. 분양 당시 한 채당 평균 가격은 50만 호주달러(4억 2천만 원)였으나 지금은 90만 호주달러(7억 5천만 원)로 평가받고 있다.

* 독일 부동산 시장의 가격급등

글로벌 중앙은행들의 무차별 돈 풀기(양적완화) 공조 여파로 미국과 영국에서 '부동산 버블' 우려가 제기되고 있는 가운데 그동안 상대적으로 차분했던 독일 주택시장도 외국인 투자가들의 매입 증가로 가격이 급등하고 있다는 내용이 보도되었다. 다음은 2013년 10월 헤럴드 경제 보도 기사이다.

영국 일간 파이낸셜타임즈FT는 독일 중앙은행인 분데스방크의 월간보고서 10월호를 인용해 베를린, 뮌헨, 함부르크, 프랑크푸르트, 쾰른, 슈투트가르트, 뒤셀도르프 등 독일 7대 도시의 주택가격이 지난 2010년보다 평균 25% 이상 상승했다고 21일(현지시간) 보도했다.

스페인 등 다른 유럽 국가들이 여전히 부동산 침체에서 벗어나지 못하고 있는 와중에 독일만 다른 행보를 보이는 것은 마땅한 대체투자상품을 찾지 못한 외국인 투자자들이 독일 부동산시장에 몰렸기 때문으로 풀이된다. 분데스방크는 "미국과 유럽의 부동산 버블이 터지고 난 후, 외국인 투자가들은 수년간 조용했던 독일시장에 매력을 느끼고 있다."고 분석했다. 유로존 위기에서 비롯된 유럽중앙은행ECB의 낮은 기준금리는 외국인 투자자들을 독일로 더 많이 끌어들이고 있다. ECB는 지난 2일 기준금리를 0.5%로 확정, 5개월째 동결하면서 저금리 기조를 이어가고 있다.

최근 자산급등을 겪은 홍콩과 싱가포르는 외국인 투자자들이 주택시장에 과도한 영향을 미치는 것을 막기 위해 새로운 세금제도를 도입하는 등 나름의 방안을 강구 중이다. 홍콩의 고급주택 가격은 글로벌 금융위기를 이미 뛰어넘은 것으로 조사됐다. 영국 런던의 집값도 2008년 초기 정점을 넘어섰고, 새로 짓는 건물의 3/4 이상을 외국인 투자자들이 사들인 것으로 밝혀졌다.

6) 자가가구와 임차가구 소득자산 격차 커진다

2016년 2월 2일 국토연구원이 한국노동연구원의 '한국노동패널 조사'를 분석한 결과를 보면 임차 주택에 살면 자기 집에 사는 사람들보다 소득과 자산이 상대적으로 천천히 느는 것으로 나타났다. 성인이 되면서 인생의 첫발을 내딛을 때 만나야 하는 부동산이라는 자산은 직업/배우자 등 못지않게 인생의 향방에 영향을 끼치는 중요한 요소이다.

2000년 25~39세 청년 가구 중 자가 보유 가구의 월평균 소득은 218만 6,310원이었다. 전·월세집에 사는 청년 임차 가구의 월평균 소득은 203만 8,690원으로, 자가 가구의 월 소득이 임차 가구의 1.07배다. 이 격차는 해가 갈수록 벌어졌다. 2006년에는 자가 가구의 월평균 소득이 임차 가구의 1.28배, 2012년에는 1.36배에 달했다.

자가 가구와 임차 가구 간 소득뿐 아니라 순자산의 격차도 시간이 지날수록 커졌다. 2000년 자가 가구의 순자산은 9,640만 원, 임차 가구의 순자산은 4,060만 원으로 격차는 2.37배였다. 2012년에는 자가 가구의 자산이 2억 원을 넘긴(2억 220만 원) 반면, 임차 가구의 자산은 1억 원을 넘지 못해(7,850만 원) 둘 간의 격차는 2.58배가 됐다.

부동산에 투자하는 연예인

*** 요즘 핫한 연예인 '최민수 씨 네'**

한때 폭행사건 등과 연루되어 한동안 이미지가 좋지 않았던 최민수 씨가 가족들의 사는 모습을 전달하는 모 케이블방송 프로그램으로 인하여 요즘 많은 인기를 얻고 있다. 가정의 일상사를 주도할 줄

알았던 상남자 최민수 씨가 아내 강주은 씨에게 꼼짝 못하는 모습
이 전파를 타면서 많은 재미를 주고 있는 것이다. 해외에서 유학 중
인 아이들과 알콩달콩 편안하게 살고 있는 가족의 모습은 샐러리맨
들에게는 시샘을 주기까지 한다. 건물의 맨 위층에 거주하며 옥상에
마련된 바비큐장을 이용하는 모습 등은 보통 사람들의 부러움을 사
기에 충분하다. 언제 마련했는지는 모르지만 잘 챙긴 부동산 하나가
가족들의 든든한 울타리가 되고 있음을 느끼게 한다.

* 탤런트 '길용우' 씨

전문가도 인정할 만한 투자 감각을 자랑하는 탤런트 길용우 씨가
서울 시내 수백억 원대의 부동산을 소유하고 있는 것으로 나타났다.
길 씨는 서울 남현동에 건물 한 채를 공동 소유하고 있다. 이 건물은
462평 규모의 토지 위에 지층과 지상 3층 규모로 지어졌다. 특히 이
건물은 지하철 2호선 사당역 6번 출구에서 도보로 5분 이내 거리에
있어 입지적 장점이 상당한 수준에 달하는 것으로 평가되고 있다.
이곳에는 음식점과 마트가 입점해 있다. 부동산에 따르면 남부순환
로 대로변에 있는 이 빌딩의 시세는 280억 원에 달한다고 한다.
길 씨는 최근 젊은이들의 발길이 몰려 '핫플레이스'로 부상한 경
리단길에도 건물 한 채를 보유하고 있다. 경리단길은 최근 몇 년 새
상권이 급성장해 부동산 시세가 폭등한 지역이다.

* 400억대 자산가 '전지현' 씨

여성매거진 '우먼센스' 2016년 3월호에 따르면 전지현 씨는 임신 2개월째인 지난해 5월 삼성동에 위치한 2층짜리 단독 주택을 소속사 문화창고 대표 김 씨와 함께 약 44억 원에 매입했다. 2014년 6월 삼성동 현대주택단지를 75억 원에 매입한 이후 11개월 만에 10분 거리의 단독주택을 연이어 매입한 것이다. 그녀가 결혼 전 거주했던 아파트까지 합하면 삼성동에만 3개의 부동산을 보유하고 있는 셈.

그 외에도 전지현 씨의 부동산으로는 2007년 10월 86억 원에 매입한 논현동의 5층 건물(현 시세 약 170억), 2013년 4월 58억 원에 매입한 이촌동의 2층 건물(현 시세 약 65억 원)이 있다. 그녀의 신혼집으로 알려진 대치동 빌라까지 합하면 부동산 재산은 약 400억 원대에 육박한다. 이번 삼성동 주택 매입은 언론에 보도된 6번째 부동산 매입이다.

강남의 부자들은 지금도 부동산을 사고 있다

2016년 3월 서울연구원 발표에 따르면 서울시민이 가장 선호하는 자산 유형은 부동산이었다. 서울시민 47.1%가 선호하는 자산 유형으로 부동산을 꼽았고 34.8%는 금융자산을 선호했고 18.1%가 잘 모르겠다고 답했다. 이번 설문조사는 서울 거주 20세 이상 성인 2천 명을 대상으로 이뤄졌다. 전 연령층에서 금융자산보다 부동산을 선호하는 비율이 높았고, 연령대가 높아질수록 부동산을 더 선호했다. 20대는 40%가, 60대 이상은 55.5%가 부동산을 선호한다고 답했다. 부동산 선호 이유로는 '분실 위험이 없다.'가 34.6%로 가장 많았고, 다음으로 '장기적 가격 상승'(30%), '큰 손해를 볼 위험이 적다.'(22.2%) 순이었다. 다음은 강남부자들의 여전한 부동산 선호도를 보여주는 내용으로 2015년 10월 조선일보의 보도 기사이다.

"펀드나 예금으로는 부자가 될 수 없습니다. 저는 신한은행에서 25년을 일하면서 부자가 된 사람들을 몇 명 봤습니다. 부동산으로 돈을 옮긴 사람들은 부자가 되는 반면, 은행에 꼬박꼬박 적금을 들었던 사람들은 그렇지 못했습니다. 강남 부자들은 지금도 부동산을 사고 있습니다."

고준석 신한은행 동부이촌점 지점장이 13일 조선비즈가 서울 삼성동 코엑스에서 주최한 '4060인생설계포럼'에서 중장년들을 대상으로 '강남부자들의 자산관리 비법'에 대해 설명하는 자리를 가졌다.

　은퇴 준비 시점에 대해 고 지점장은 "지금 당장"이라고 강조했다. 그는 "10년 전, 20년 전, 30년 전에도 '지금이 부동산 가격이 가장 높을 때'라고 했다."며 "지금도 마찬가지니 10년 뒤를 생각해 후회하지 말고 부동산에 투자하라."고 목소리를 높였다. 고 지점장은 현재 부동산 가격이 많이 올랐지만, 여전히 투자할 여지는 남아있다고 주장했다. 그는 "부산의 모 아파트는 지금 평당 7,000만 원이라서 화제가 되고 있지만, 홍콩에 가면 방 2칸짜리 가격이 30억 원이고 3칸짜리는 40억 원이다."라고 강조했다.

　고 지점장은 "우리나라 부동산 시장에는 오를 것과 오르지 않을 것이 정해져 있다."며 투자 대상을 잘 골라야 한다고 강조했다. 고 지점장은 부동산 투자에서 공부의 중요성을 강조했다. 그는 "우리가 투자를 못 하는 이유는 돈이 아니라 무관심 때문"이라고 말했다.

2016년 1월 다세대 주택 거래량 늘었다

부동산 경기가 급격히 얼어붙었다는 기사가 자주 지면에 오르내리는 상황에서 2016년 초 1월의 다세대 주택 거래량이 늘었다. 2015년 과도한 상승으로 그 거래량과 가격 상승이 주춤한 아파트 대신 상대적으로 싸다고 느끼는 다세대 주택으로 구입을 선호한 경우가 많은 것으로 판단된다. 이러한 상황이 계속되면 다세대 주택도 일정한 가격이 오르게 된다. 이러한 추세가 이어진다면 아파트 가격이 상대적으로 싸다고 느껴질 때가 올 것이고 자연스럽게 아파트 가격이 오르게 될 것이다. 아파트 보유자로서 다세대 주택 거래량 증가 소식이 기분 좋은 까닭이다. 다음은 헤럴드경제 2016년 2월 15일자 관련 기사이다.

지난해 12월 결혼한 회사원 최경민(31) 씨는 서울 강북구 미아동에 있는 빌라를 신혼집으로 마련했다. 투룸에 욕실 하나를 갖춘 $40m^2$(전용면적) 크기의 신축빌라다. 분양가는 2억 원을 주고 들어갔다. 아파트에 대한 미련이 없었던 건 아니었다. 하지만 초기 주거비 부담 등을 생각하면 아파트를 고집할 필요가 없다고 판단했다.

최 씨는 "아파트에 전세로 들어가려면 적어도 3억 원 정도는 준비해야 하는 게 부담스러웠고 앞으로 전세 때문에 시달리고 싶진 않았다."고 말했다.

'거래 풍년'이었던 지난해와 비교해 아파트의 매매 거래가 크게 줄어든 가운데, 다세대·다가구는 오히려 거래가 더 많이 이뤄진 것으로 나타났다. 특히 최 씨가 그랬던 것처럼, 아파트 대신 빌라로 생애 첫 집을 마련하는 이들도 쉽게 찾아볼 수 있다. 지난달 아파트의 매매거래는 대출심사 강화 등의 영향으로 지난해 1월과 비교해 크게 줄었으나, 다세대와 다가구주택은 오히려 소폭 상승한 것으로 나타났다. 아파트 중심으로 불거진 전세난에 지친 주택 수요자들이 꾸준히 빌라 등의 일반 주택 매입에 나선 결과다.

국토교통부에 따르면 2016년 1월 전국에서 연립·다세대주택은 1만 2,411건, 단독·다가구주택은 1만 259건 거래됐다. 1년 전 같은 달과 견주면 거래량이 각각 2.1%, 5.3% 증가한 수준이다. 단순히 이 수치만 보면 크게 늘어났다고 볼 수 없으나, 아파트의 상황을 함께 보면 이야기가 달라진다. 아파트 거래량은 5만 7,418건(작년 1월)에서 3만 9,695건(올 1월)으로 30.9%나

쪼그라들었다. 주택시장의 60% 이상을 차지하는 아파트의 거래는 주춤했으나 비非아파트는 나름대로 선방한 셈이다.

　다세대와 다가구주택의 거래량이 늘어난 것은 아파트 중심의 전세난에 따른 '반사이익'으로 풀이된다. 지난해 수도권 아파트를 중심으로 전세가격이 크게 오르면서 상대적으로 부담이 적은 빌라나 다가구주택에 수요가 몰렸다.

뜨거워진 단독주택 용지 청약열기

　정부의 통화 확대 및 저금리 정책에 따라 최근 통화 유동성이 확대되었다. 이러한 유동성 확대가 우리 서민에게는 어떤 영향을 미칠 것인가? 2016년 3월 증권시장은 외국인 투자자들의 귀환과 맞물려 주식시장이 종합지수 2000포인트에 육박하고 있지만 2000포인트 아래에서 순환성 장세를 보여주고 있다. 시장에서 통화량이 늘어난다고 해서 바로 기업 실적이 좋아지는 것이 아니기 때문에 주식시장으로의 급격한 유입도 쉽지 않음을 보여주고 있다.

　1988년 올림픽을 치르고 2002년 월드컵을 치르던 시기를 생각해

보자. 3저 현상으로 인한 수출 호황 등으로 많은 돈이 국내로 유입되었을 때 국내 부동산 시장엔 토지며, 주거용 부동산이며 모두 오르던 호황기가 있었다. 하지만 최근의 경우는 양적 완화로 갑작스럽게 많은 돈은 공급되었지만 경기 불황으로 갈 곳은 마땅치 않은 상황에서 명분이 있는 부동산으로 돈이 꾸준하게 유입되고 있는 상황이 나타나고 있다. 다음은 서울경제신문 2016년 3월 16일자 관련 기사 내용이다.

"원주기업도시 점포 겸용 단독주택용지, 최고 9,300 대 1"

16일 관련 업계에 따르면 최근 들어 저금리가 장기화되면서 은퇴세대는 물론 30~40대까지도 점포 겸용 단독주택용지 입찰에 뛰어들고 있다. 한국토지주택공사LH와 SH공사 등이 조성하는 신도시와 택지지구 내 점포 겸용 단독주택용지에 수만 명이 몰리는 등 시중 투자자금이 집중되고 있다.

실제 지난 15일 마감된 강원도 원주기업도시의 경우 점포 겸용 단독주택용지 25필지 접수 결과 최고 경쟁률이 9,395 대 1에 달했다. 평균 경쟁률도 3,757 대 1에 달했다. 가장 낮은 최저 경쟁률이 2,377 대 1을 기록했을 정도다. 평균 분양가는

3.3m²당 약 270만 원이다. 앞서 지난해 4월 이곳에서 선보인 85필지 분양에서도 최고 6,200 대 1, 평균 1,390 대 1이라는 높은 경쟁률을 기록한 바 있다.

이뿐만이 아니다. 15일 LH가 공급한 부산 명지국제신도시 점포 겸용 단독택지 85필지에 대한 추첨 결과 최고 경쟁률은 6,234 대 1을 기록했고 평균 경쟁률도 615 대 1로 나타났다. 경북도청 이전 신도시 내 점포 겸용 단독주택 입찰에서도 전체 24필지의 평균 낙찰가율(감정가 대비 낙찰가 비율)이 246.3%를 기록했다.

업계의 한 관계자는 "저금리 등으로 인해 지난해부터 점포 겸용 단독주택 인기가 지속되고 있다."며 "올해 들어서도 인기가 더 달아오르고 있다."고 말했다.

부동산은 살아있다

얼음이 얼어도 계곡에는 물이 흐른다. 인간이 살아가는 데 필요한 3대 필수요소 중 하나인 주거와 관련된 부동산은 불황에도 '상대적으로 저평가된 물건', '공급이 불가능한 수준으로 가격이 낮게 형

 부동산 투자 1년 2배의 법칙

성된 물건' 등을 중심으로 그 가치의 움직임이 꾸준히 진행된다.

1) 불황은 부동산 재테크의 기회

우리는 지난 1997년 IMF 경제위기, 2008년 세계적인 금융위기 상황을 거치며 심화되는 빈부의 격차를 체감하여 왔다. 불황기는 경제성장률이 낮아지고 실업자가 늘어나며 수요와 공급의 법칙에 의해 움직이는 경제구조가 다소 삐걱거리는 시기일 뿐 그 이상도 그 이하도 아니다. 그 시기는 새로운 수요와 공급의 밸런스를 만들어 내기 위한 과정이고 어느 순간이 되면 경기는 호황이라는 이름 아래 좋은 위치, 좋은 가격의 물건을 중심으로 거래가 활발해진다.

미국, 중국, 우리나라의 과거를 되돌아보면 서민들의 바잉파워가 거셌던 호경기에는 부동산 가격이 상승했었다. 최근 우리나라 경제를 되돌아보아도 2008년 세계금융위기 이후 서울/수도권이 경제위기 여파로 거래가 얼어붙었던 시절임에도 상대적으로 저평가되어 있던 지방의 부동산은 2010년경부터 상승이 되었고 2014~2015년에는 전국적인 부동산 가격 상승이 이루어졌다. 내수경제의 바로미터가 되고 있는 부동산. 과하지만 않다면 주기적으로 가격 상승이 이루어지고 있는 것이다.

2016년은 연초부터 수출 감소에 내수경제마저 얼어붙는 듯하다. 올해, 내년 상반기까지는 다소 정체된 성장 국면을 지속할 가능성이 있다. 하지만 정부의 '숙박 공유'가 전국적으로 본격 시행되는 2017년 하반기 또는 2018년 초부터는 숙박공유 허용에 따른 수익 창출이 가능한 부동산을 중심으로 부동산 가격 상승을 이끌어 주거용 부동산 가격의 상승이 이뤄질 가능성이 높다.

불황기를 거치며 우리가 뼈저리게 체감한 것 중의 하나는 빈부격차의 심화이다. 주변에서 1997년 IMF 외환위기를 거치며 저가 우량주를 대거 매입하여 단기간에 웬만한 샐러리맨의 10년 급여 수준을 벌어들인 몇몇 분들을 알고 있다. 필자의 경우만 하여도 중견기업에서 중역생활을 오래 하셨던 외삼촌께서 '지금이 주식 살 때'라는 말씀을 해주신 기억을 가지고 있다. 하지만 당시 나름대로 투자한답시고 달러예금에 일부 투자하여 약간의 손해만 보고 해약하였던 기억이 있다.

자원이던 부동산이던 그 기본 가치가 있다. 불황의 시기에 그 기본 가치 이하로 떨어진 경우라면 분명히 오르게 되어있다.

*** 자산가들 불황기 때 연금형 부동산을 늘리는 중**

다음은 국내 부동산 업계의 대표 전문가이며 유엔알 컨설팅 대표로 있는 박상언 씨가 조인스랜드에 기고한 내용 중의 일부로 자산가들은 불황기를 재산 증식의 기회로 활용한다는 내용을 담고 있다.

실제 부자일수록 어려운 시기에 부동산 포트폴리오를 상가나 빌딩 등으로 늘려서 더 큰 부자가 되었다. 금융자산은 주식 급등락으로 인해 리스크가 큰 데다 인플레이션 효과로 이자소득이 실질적으로 감소하고 자녀들에게 증여 상속할 때도 금융자산보다 부동산이 훨씬 유리하기 때문이다.

하나금융경영연구소가 금융자산만 10억 원을 웃도는 옛 하나은행과 외환은행 PB고객 1,099명을 대상으로 한 최근 설문조사를 보자. 설문조사에 참여한 부자들이 보유한 총자산은 평균 108억 원이었다. 2008년 51%였던 부동산 자산 비중은 5년간 계속 줄어 2013년 44%까지 낮아졌다가 다시 크게 늘었다. 부자들의 92%가 부동산자산을 보유하고 이 중 46%는 거주용 외에 투자용으로 주택 및 아파트를 보유하고 있었다. 보유주택 형태는 중·소형아파트 33%, 오피스텔 27%, 대형 아파트 19% 등의 순이다. 해외 보유 자산 규모는 평균 1억 2,000만 원이며, 이 중 부동산 자산이 평균 8,722만 원으로 가장 많았다.

＊ 일본 유전, 광산 쌀 때 쓸어 담는데…… 한국은 팔짱

원자재 가격이 떨어져 저평가되자 일본은 자원개발 투자를 대폭 늘려 선점하고 있는데 한국은 비쌀 때 사들이더니 이젠 시간표를 정해놓고 급히 매각하여 그 우려를 자아내고 있다. 2016년 3월 24일자 조선일보의 관련 보도 기사이다.

미국 애리조나 주州의 '모렌치Morenci 광산'은 세계 최대 규모 구리 광산이다. 매장량이 32억t에 달한다. 그런데 이 광산에서 채굴되는 구리의 4분의 1은 일본 종합상사 스미토모가 가져간다. 스미토모는 지난달 중순 10억 달러(약 1조 1,000억 원)에 광산의 지분 13%를 추가로 사들여 전체 지분율이 28%까지 올랐다. 광산업계 관계자는 "구리를 포함한 원자재 가격이 폭락하자 일본 기업들이 지분 확대에 나서고 있다."고 말했다.

최근 해외 자원 개발 시장에서 한국과 일본이 정반대 행보를 보이고 있다. 일본은 원자재 가격이 하락한 지금이 투자 적기適期라고 본다. 저평가된 유전油田·가스전·광산 등을 공격적으로 쇼핑하고 있다. 반면 한국은 자원 개발 사업이 사실상 올스톱됐다. 보유 중인 자산마저 급매急賣로 내놓을 계획이다. 김창섭 가천대 교수는 "일본은 쌀 때 사서 비쌀 때 이익을 내는데, 우리는 비쌀 때 사고 쌀 때 파는 '역주행' 자원 투자를 하고 있다."고 지적했다.

부동산 투자 1년 2배의 법칙

* 일본이 달릴 때, 한국은 멈췄다

일본 기업 미쓰비시는 지난 1월 미국 석유·가스 기업인 '시마 에너지'를 완전 합병했다. 2020년까지 14조 원을 투자해 석탄과 동銅 생산량도 두 배로 늘릴 계획이다. 미쓰이물산은 지난해 아프리카 모잠비크 탄광과 호주 가스전 지분 인수에 8억 달러 넘게 쏟아부었다. 이 회사는 2017년까지 최대 1조 4,000억 엔(약 15조 원)을 에너지와 금속광 프로젝트에 투자할 방침이다.

반면 한국은 올 들어 3월까지 단 한 건의 신규 자원 개발 투자도 없었다. 오히려 정부의 '공기업 정상화' 방침에 따라 2017년까지 보유 중인 해외 자산 6조 원어치를 매각해야 한다. 지금처럼 저유가 시대에 급하게 팔면 헐값 매각도 우려된다. 실제 한국석유공사는 2009년 1조 원에 샀던 캐나다 정유회사를 10분의 1도 안 되는 900억 원에 팔았다.

2) 저성장시대의 부동산 투자

저성장시대에는 당연히 부동산 거래가 잘되지 않는다. 매매 빈도가 줄어든다. 큰 차액을 기대하지 않고 급매물건을 사서 일정 차액만 남기고 팔겠다는 생각을 하면 그 가능성은 충분히 열려있다. 불황 시 본인이 감내할 수 있는 수준 내에서 투자를 한다면 어렵지 않게 충분한 성과를 거둘 수 있다.

필자는 2010년 삼성동의 P원룸 아파트를 2억 5천만 원에 매도할 즈음에 같은 아파트의 수리된 2층을 2억 원에 매수를 권유받은 바 있다.(결과적으로 당시에 다른 곳에 이미 투자를 결정한 상황으로 투자를 하지 못하였지만) 불황기에는 매수자가 절대 우위를 갖는 상황으로 의외의 급매가 출현할 수 있어 부동산 호황기보다는 오히려 투자하기에는 좋은 시기이다. 저성장 시대라도 좋은 위치, 더 편리한 곳, 더 나은 주거환경에서 살고자 하는 인간의 욕망은 유지되고 있음을 기억할 필요가 있다.

3) 투자 수익률에 대한 소고

'1억 5,000만 원 하는 부동산이 최근 1년 동안 10% 올랐다.'라는 뉴스는 1,500만 원이 올랐다는 말이다. 언뜻 '1억 5,000만 원 투자해서 1,500만 원 벌려고 취득세 내고 복비 내고 별거 없네.'라고 할 수 있다. 하지만 투자 시, 통상 이런 정도 아파트의 전세가는 1억 2,000~3,000만 원에 육박하여 3,000만 원이면 충분히 매입이 가능하다.

만일 1년 전 매입했다면 부동산 수수료, 취득세까지 포함 약 3,400만 원 투자에 1,500만 원 수익이니 1년 사이 40% 이상의 수익을 올린 셈이다. 다른 어떤 투자처보다 고수익을 올린 것이다.

Part 6
산자의칙
동 배
부투2법

2배의 법칙이
가능한 환경

대한민국은 지속성장 가능한가?

부동산 투자를 고려 시 무엇보다 우선 고려해야 하는 것이 우리나라의 성장에 대한 확신이다. 바이오, IT, 전기차, 태양광 등 새로운 분야에서의 도약, 반도체, 자동차, 가전 분야 등 기존 우위분야에서의 지속적인 성장과 이를 뒷받침할 K-POP, K-Culture의 글로벌 흥행은 우리나라의 지속적인 성장을 뒷받침할 핵심적인 요소들이다.

10년 넘게 세계 경제 성장엔진으로 꼽히던 '브릭스BRICs' 시대가 저물고, 한국·대만이 브라질·러시아를 대체한 '틱스TICKs' 시대가 열렸다고 파이낸셜타임스가 16년 1월 28일자 기사를 통해 보도했다. 브라질, 러시아, 인도, 중국이 거대한 영토와 풍부한 자원 등을 바탕으로 2000년대 초반 급격한 경제성장을 보이자 골드만삭스 등에서 2001년 당시 이들 국가 영문명 첫 글자를 따 브릭스라는 단어를 만들었다. 그러나 지난 몇 년 새 원자재 가격이 급락하면서 원자재 수출국 브라질과 러시아가 경기침체에 빠진 상태이다. 브라질과 러시아 대신 포함된 한국과 대만은 IT 강국이라는 공통점이 있다. 틱스는 IT 분야에서 강점을 보이는 신흥국 대만, 인도, 중국, 한국의 첫 글자를 따 만든 용어다. 파이낸셜타임스는 "틱스 시대가 열린다는 것은 IT 산업의 중요성은 커지는 반면 원자재는 쇠퇴하고 있는 세계 경제 변화를 보여준다."고 분석했다.

하지만 개인적으로 우리나라의 지속성장을 확신하게 하는 것은 무엇보다도 지속성장하는 우리의 K문화에 대한 확신에 있다. K-팝을 넘어 우리 고유의 패션, 춤, 음식, 만화 등등 우리의 생활이 세계인들에게 멋있고 재미있게 보이고 있다. 과거 문화를 지배하는 나라가 세계를 지배하였다. 한때 세계 최대 규모의 국가를 건설하였던 몽골의 경우만 하여도 그들이 세운 원나라는 이렇다 할 문화를 만들지 못함에 따라 100년도 못 채우고 역사에서 사라지게 된다. 역사상 가장 강력하였고 가장 커다랗던 국가가 중국 역사에서(물론 최단기간은 아니지만) 단기간에 사라져 버린 것이다.

문화를 만들어낸 국가는 백성들의 의식을 지배하게 됨으로써 지속 가능성이 보장되지만 힘으로만 만들어낸 국가는 짧은 시간 내에 그 한계에 직면하고 쇠퇴하게 되는 것이다. 우리나라만 되돌아보아도 조선 초기 태종, 세종, 성종 등을 거치며 자리 잡은 유교문화가 조선 중후반 영·정조 시대를 거쳐 새롭게 꽃피우며 500년 조선이라는 체제를 유지하는 데 큰 기여를 한다.

우리의 수출 주력상품으로 현재는 세계시장에서 그 가치를 제대로 인정받고 있는 가전, 자동차, 화장품, 의류 등의 상품들을 곰곰이 생각해보자. 이렇게 제대로 대접받은 지 10년이 채 안 된다. 10년 전부터 불기 시작한 K-팝이며 한류 드라마 등의 확산과 맞물려 우리 소비재가 글로벌 시장에서 제대로 자리 잡고 있음을 기억할 필요가 있다. 생각보다 사람들의 오감이 객관적이지 않다. 한국의 노래가 좋고 한국의 생활상이 멋있게 느껴지면서 그런 한국 사람들이 만든 상품을 신뢰하기 시작한 것이다. 아무리 잘 만들어도 제 값을 주고 사지 않던 우리의 상품들이 제 가치를 인정받고 있는 중심에 우리의 문화가 있다.

*** 경제제재 풀린 이란의 K문화**

다음은 동아일보 2016년 1월 26일자 기사 내용이다.

2016년 1월 초, 밤(현지 시간)에 찾아간 이란 수도 테헤란의 한 한국 식당에선 이란의 한류 팬들이 모여 케이팝K-pop 그룹 '빅뱅' 멤버의 생일 파티를 열고 있었다. 이들은 케이크에 촛불을 켜놓고, 스마트폰으로 재생되는 '빅뱅'의 노래를 들었다. 그리고 함께 찍은 사진들은 소셜네트워크서비스SNS 인스타그램에 올렸다. 중학교 3학년생인 데니즈 양(15)은 "빅뱅, 엑소 같은 케이팝 가수가 너무 좋아 한국어를 배우기 시작했다."며 "한국에 꼭 가고 싶다."고 말했다.

이란에서 경영학 석사 과정을 졸업한 베즈버이 샤거에크 씨(25)는 지난해 세종학당에서 개최한 한국어 말하기 대회에서 1등을 했다. 그는 "아버지가 다니던 자동차회사가 한국의 자동차부품 회사와 협력해서 어릴 적부터 한국어에 관심이 많았다."고 말했다. 그는 한국에서 두 달간 인턴 생활을 한 뒤 요즘은 이란에서 네이버 SNS '라인'의 현지 에이전트로 일하고 있다.

이란에서 불고 있는 한류 바람은 특히 한국 드라마의 힘이 컸다. 송일국 주연의 '주몽'과 이영애가 나온 '대장금'은 시청률이 85~90%가 넘는 등 선풍적 인기를 끌었다. 이후 '해신', '바람의 나라' '상도', '이산', '해를 품은 달' 등의 한국 사극들이 이란 TV를 통해 소개됐고, 현재는 공효진, 이선균 주연의 '파스타'가 방영 중이다.

*세계를 유혹하는 한국의 춤

우리 국민들도 조금은 낯설게 느껴지는 우리의 춤이 세계인들에게 어필하고 있다. 그동안 K-팝이나 K-뷰티가 중심이 된 한류 문화는 대개 세계의 젊은 층에게만 어필되어 우리나라를 알리는 데 그 제한적인 효과를 거두고 있었는데 중장년층을 대상으로 하는 우리의 춤이 세계인에게 큰 호응을 받으면서 우리의 한국문화가 명실공히 세계무대에서 주류로 점차 자리매김하고 있다. 다음은 문화일보의 2016년 3월 3일자 관련기사 내용이다.

최현(1929~2002)의 '군자무'를 현대적으로 풀어낸 국립무용단의 '묵향'墨香·The scent of ink이 지난 2월 26~27일 양일간 홍콩 센트럴 APA리릭극장에서 공연됐다. 세계적인 페스티벌인 홍콩예술축제의 메인 프로그램으로 선정된 것. 국립극장 그리고 한국무용 최초로 올라선 무대다. 매梅, 난蘭, 국菊, 죽竹 4개의 장章에 서무와 종무를 넣어 총 6개의 색色다른 장면이 펼쳐진다. 고운 선과 강렬한 빛, 한복의 아름다운 특징을 강조한 의상은 관객을 압도했고, 수묵화의 농담처럼 유연한 무용수들의 춤사위는 색에 뒤처지지 않았다. 1,100석 규모의 공연은 2회 모두 매진됐고, 장이 채 끝나기도 전에 터져 나오는 박수 소리가 극장을 가득 메웠다. 꿈틀댄다. 홍콩발發 '무용 한류'다.

K-팝만큼이나 세계와 '통通'할 가능성도 품고 있다. 티켓은 사전에 동났으나, 2월 26일 공연이 입소문을 타고, 27일에는 더 많은 사람이 현장에서 표를 구하기 위해 공연장을 찾았다.

'묵향'의 다음 행선지는 6월 프랑스 리옹 레뉘드 프루비에르 페스티벌이다.

* 아시아를 강타한 K-웹툰

웹툰 서비스 앱(응용프로그램)인 NHN엔터테인먼트의 '코미코', 네이버 자회사인 라인의 '라인웹툰' 등은 '만화 강국' 일본에서도 승승장구하고 있다. 일본 현지 업체를 밀어내고 일본 웹툰 시장 1, 2위를 다투고 있을 정도다. 또한 '웹툰'이 대만, 태국 등 해외에서 주목받으면서 'K-팝' 'K드라마'를 잇는 차세대 한류 콘텐츠로 떠오르고 있다.

동남아시아 등지에서도 K-웹툰의 인기가 높아지면서 인기 웹툰을 소재로 한 영화나 드라마 제작을 위한 판권 수출도 활발해지고 있다. 다음은 한국경제신문의 2016년 3월 21일자 관련기사 내용이다.

한국 웹툰 업체들은 동남아 시장에도 적극 진출하고 있다. 한국, 일본, 대만에서 서비스 중인 코미코는 지난 8일 태국에도 진출했다. 라인웹툰은 작년 7월 출시 당시엔 영어와 중국어(번체)만 지원했지만 현재 중국어 간체, 태국어, 인도네시아어 서비스도 제공하고 있다.

코미코는 일본에서도 1위다. 2013년 10월 일본에서 서비스를 시작한 뒤 작년 말까지 1,200만 건의 다운로드를 기록했다. 라인의 전자 만화책 겸 웹툰 서비스 '라인망가'(2013년 4월 출시)가 2위로 뒤를 잇고 있다. 일본 최대 모바일 게임사 디엔에이DeNA가 운영 중인 모바일 앱 '만화박스'는 5위에 불과하다.

카카오는 다음 웹툰 코너에서 연재 중인 '거울아씨전' 등 4개 작품에 대한 영상 판권을 중국 미디어업체 화처華策그룹에 판매하는 계약을 최근 맺었다.

* 세계 2번째 자기부상열차 상용화

국내에서 처음으로 자기부상열차가 상업 운행한다. 국토교통부, 한국기계연구원, 국토교통과학기술진흥원은 세계에서 두 번째(일본이 처음)로 시속 110㎞급 도시형 무인운전 자기부상열차를 개통한다고 2016년 3월 밝혔다. 이 자기부상열차는 인천국제공항 교통 센터에서 인천 용유동 차량기지까지 6.1㎞의 6개 역을 운행할 예정이다. 자기부상열차는 열차의 기존 장점에다 소음이 거의 없고 분진이 적은 미래형 친환경적 대중교통으로 각광받고 있는 차세대 교통수단이다.

* 창조경제혁신센터

전국에 17개의 창조경제혁신센터가 운영되고 있다. 세계경제위기로 인한 수출 감소와 내수 침체 등의 경제위기를 새로운 산업을 발굴함으로써 극복해 나가겠다는 것이다. 현재의 불황이 기존 상품들의 공급과잉으로 인한 것이기 때문에 새로운 상품개발을 통한 경제 활성화 측면에서 정부가 그 해법을 직시하고 관련 센터 등을 설립하여 이를 지원하는 것을 보니 우리의 장래가 그리 어둡지 않다는 생각이 든다.

창조경제혁신센터는 혁신거점과 창업허브 역할을 주로 하고 있다. 창조혁신센터의 혁신거점 기능은 지역 내 신사업·신시장 창출

을 저해하는 각종 규제개선사항 등 지역경제 혁신 아젠다를 발굴·
촉진하며 관계기관 및 지역사업 연계를 통해 중소·중견기업의 기술
혁신 등을 지원한다. 또한 창업허브 기능은 예비창업자, 투자자, 멘
토가 함께 정보를 교류, 소통, 협업할 수 있는 개방형 커뮤니티 허브
공간을 조성·운영한다.

현재 지역별로 운영되고 있는 창조경제혁신센터는 지역 주도로
선정된 특화 전략산업 분야의 기능을 수행하고 있다. 전략사업에 따
라 창조경제혁신센터의 목표가 다르다. 예를 들면 인천 남구 물류의
경우 첨단물류 기반 신상품 창출, 중소 벤처 수출 물류지원, 중국 진
출 플랫폼 구축을 목표로 기능하고 있다. 각 센터마다 특징이 다른
만큼 자신들의 사업에 부합하는 창조경제혁신센터를 이용해야 많
은 도움을 얻는다. 사업을 함에 있어 정부의 지원을 받는 것 못지않
게 다른 기업에 대한 정보 파악도 중요한데 그 사랑방 역할을 수행
하는 창조경제혁신센터를 충분히 활용하는 것도 좋은 방법 중의 하
나이다.

자본주의의 역사 =인플레이션 역사

　로버트 기요사키는 그의 저서 『부자들의 음모』에서 인플레이션을 '합법적인 세금'이라 일컬으며 일반인들이 부자가 될 수 없는 이유 중의 하나로 인플레이션을 지적하고 있다. "정부는 세금이 부족할 때마다 세금을 끌어올리기보다는 채권을 팔아 돈을 빌린다. 하지만 채권을 발행할수록 납세자들은 더 많은 세금을 내야 하며 그만큼 돈은 불어나기 때문에 인플레이션 또한 가속화된다."고 지적하고 있다. 즉 경기가 좋지 않아 정부가 재정적자 정책을 펼 때마다 이미 인플레이션은 예약되고 있었던 것이다.

　한 나라 구매력의 증가는 국민소득 증가에 기반을 두거나 국민자산 증가로 인하여 발생한다. 평균 임금 150만 원에 불과한 중국 대도시의 흔한 10억 원대 아파트 가격은 자산증가 의존형 구매력의 증가로 해석하기에 충분하다. 우리나라의 경우도 이러한 측면에서 일정 부분 자유롭지는 못하다. 이러한 상황은 일정한 자산시장의 인플레이션은 오늘날 경제 체제를 유지하기 위한 필수조건이 되어가고 있음을 보여주고 있다.

　지난 시절을 돌이켜 보면 우리가 체감하는 물가는 꾸준히 올라왔다. 최근 인기 있던 '응답하라……' 드라마를 통해서 지금은 10억 원을 훌쩍 넘는 은마아파트가 30여 년 전 수천만 원 하던 기억이며 3만 원이면 충분하던 대학생 한 달 용돈 등은 우리가 잠깐 뒤만 돌아보아도 자본주의의 역사가 인플레이션의 역사임을 어렵지 않게 느낄 수 있게 해준다.

1930년대의 세계대공황, 그 해법으로 역사시간에 많이 배워온 미국 루스벨트 대통령의 뉴딜 정책은 대규모 토목공사를 통한 일자리 창출로 경제를 되살렸다는 내용이 핵심인데 요즘 많은 국가들이 시행하고 있는 정부의 대규모 돈 풀기 정책과 크게 다르지 않다. 다만 다수가 직접적으로 혜택을 볼 수 있는 방법을 통했다는 것뿐이지 그 기본은 정부의 재정지출 확대였던 것이다.

수요와 공급의 이론에 의하여 볼 때 시장에 돈이 많이 풀려 물건에 대한 수요가 많으면 물가가 오르고 수요가 감소하면 물가가 정체되거나 내리는 것이 기본이다. 역사를 되돌아볼 때 수요와 공급의 균형이 맞춰지는 경우는 시계의 큰 바늘과 작은 바늘의 일치의 순간처럼 어쩌다가 맞았을 것이고 대부분은 수요가 우세하거나 공급이 우세한 상황이었을 것이다.

수요가 우세했을 경우에는 당연히 물가가 올라 인플레이션이었을 것이고 공급이 우위에 있었을 경우에는 어김없이 수반되는 정부의 재정 지출확대로 돈 가치가 떨어져 인플레이션이 발생하였다. 이렇든 저렇든 속도의 차이만 있었을 뿐 큰 틀에서는 끊임없이 인플레이션이 진행되어 왔다.

2016년 3월 국제결제은행BIS의 부동산 가격 지수를 분석한 결과 주요국 22개국의 주택 가격은 최근 10년 동안 평균 48.4% 상승했다. 이와 같이 세계 주요국 주택 가격이 지난 10년간 평균 50% 가까이 치솟으면서 결혼을 앞둔 각국 젊은이들이 살 집을 찾지 못하고 있다.

10년 만에 227%로 최고의 상승을 보인 홍콩의 경우는 2005년 홍콩에서 집 한 채 가격이 3억 원이었다면 불과 10년 만에 10억 원으로 뛴 셈이다. 평균치에 근접한 42.2%가 오른 영국 런던 집값 평균은 55만 1천 파운드(약 9억 원)에 달하고 있다. 참고로 우리나라의 주택가격은 같은 기간 39.2% 올랐다.

2008년 미국의 금융위기부터 시작된 세계경제의 침체상황 그 해법의 중심에 세계 주요 국가들이 현재 시행하고 있는 막대한 재정확대 정책과 그로 인한 인플레이션이 있음을 간과해서는 안 된다.

*** 3~4년 새 분양가 46배 껑충……**
강남 개포지구 2016년 3월 분양 돌입

다음은 2016년 2월 12일 자 이데일리의 기사이다.

개포지구 분양의 선봉장이 될 주공2단지는 '래미안 블레스

티지'란 새 이름으로 다시 태어난다. 분양가는 3.3㎡당 평균 3,600만 원대에서 책정될 것으로 보인다. 1982년 당시 개포지구 분양가(3.3㎡당 78만 3,000원)와 비교하면 가격이 46배나 뛰어오른 셈이다.

개포지구는 1980년대 초반에 준공돼 저층·저밀도로 개발됐다는 강점을 갖고 있다. 개포지구는 이런 높은 사업성 덕분에 재건축 사업이 본격화된 이후 집값도 전국 최고 수준을 유지하고 있다. 부동산114 자료를 보면 이달 현재 개포동 아파트의 3.3㎡당 평균 매매가는 3,977만 원으로 같은 강남구의 압구정동(3,732만 원)이나 대치동(3,350만 원)은 물론 서초구 반포동(3,911만 원)까지 넘어선 상태다.

보이지 않는 손

주택구입자, 주택보유자, 공인중개사, 정부, 지자체, 주택을 공급하는 건설업체 등 주택시장의 이해당사자에는 여러 관계자들이 있다. 이 중에서 거래에 따른 수수료를 주 수입원으로 하는 공인중개사들은 수요와 공급의 흐름을 파악하여 전세나 월세 또는 매매가를 올리고 내리는 데 중요한 역할을 한다. 하지만 물가가 오를 때 그들의 수입을 걱정해 주는 이들이 아무도 없다. 따라서 그들 스스로 수입을 올려야 하기 때문에 같은 값이면 본인들의 수입이 올라가는 매매가나 전월세 가격이 올라가는 입장에 우호적일 수밖에 없다. 또한 세금을 징수해서 살림을 꾸려가는 정부나 지자체도 가격이 오르는 데 우호적일 수밖에 없는 당사자이다.

* 2015년 나라살림

기획재정부가 2016년 2월 5일 발표한 '2015 회계연도 세입·세출 마감 결과'에 따르면 지난해 총세입은 328조 1,000억 원, 총세출은 319조 4,000억이었다. 전년 대비 각각 9.8%와 9.6% 늘어났다. 정부가 4년 만에 '세수 펑크'를 면했다. 부동산 거래 활성화와 내수 회복 등으로 세수가 늘어난 영향이 컸다.

이 가운데 국세수입은 217조 9,000억 원으로 추가경정예산(추경) 편성 당시 산정한 세입 예산 215조 7,000억 원을 2조 2,000억 원 초과했다. 전년과 비교하면 12조 4,000억 원 늘었다. 이로써 2011년 이후 4년 만에 세수 결손에서 탈출했다. 세목별로는 양도소득세가 11조 9,000억 원으로 전년 대비 3조 8,000억 원 늘었다. 부동산거래량이 2014년 578만 건에서 지난해 682만 건으로 18.0% 증가한 영향이 컸다.

　　　　　　　　　　　　　　　　부동산 투자 1년 2배의 법칙

합리적이지 않은 사람들의 판단

최근 경제학의 주류로 편입되어 새롭게 주목받는 분야가 행동경제학이다. 인간의 실제 행동을 심리학, 사회학, 생리학적 견지에서 바라보고 그로 인한 결과를 규명하려는 경제학의 한 분야인데, 행동경제학은 주류경제학의 '합리적인 인간'을 부정하는 데서 시작한다. 그렇다고 인간을 비합리적 존재로 단정 짓는 것은 아니다. 다만 온전히 합리적이라는 주장을 부정하고, 이를 증명하려는 것이 행동경제학의 입장이다. 경제주체들이 제한적으로 합리적이며 때론 감정적으로 선택하는 경향이 있다고 주장한다. 어떤 대상을 소유하거나 소유할 수 있다고 생각하는 순간 그 대상에 대한 애착이 생겨 객관적인 가치 이상을 부여하는 '보유효과'를 비롯하여 닻내림효과, 심리적 회계 등이 행동경제학의 주요 용어이다.

인터넷에 이은 모바일 SNS의 발달로 정보의 소통이 그 어느 때보다 빨라진 요즘 그 반대로 가치를 보는 개개인의 판단력은 더더욱 약화되고 있는데 이러한 경향이 최근의 부동산 시장에서도 여실히 나타나고 있다.

2015년 활황을 보이던 부동산 시장은 2016년 초 정부의 가계부채 관리방안의 시행과 기록적인 한파 지속, 수요자들의 관망세 유지 등으로 보합세를 보이고 있는데 언론의 부정적인 여론이 가장 큰 영향을 끼치고 있다. 우리나라는 세계적으로도 언론 보도에 따른 민감도가 가장 높은 국가 중의 하나임에 틀림없다.

* 언론보도에 의존하는 사람들

부동산만큼 언론 소식에 민감한 재화도 흔치 않다. 멀쩡하던 가치가 일정 시점을 기준으로 급변하겠는가? 분명히 그럴 수는 없다. 그럼에도 불구하고 언론의 우려 섞인 보도가 지속되자 가계부채 종합대책 및 이에 따른 금리 인상 등과 맞물리며 부동산 시장에 대한 관망세가 2016년 초부터 지속되고 있다.

한국감정원이 2016년 2월 1일 기준 전국 주간 아파트 가격동향을 조사한 결과 매매가는 0.00% 보합, 전세가격은 0.05% 상승했다. 수도권은 보합을 기록했다. 서울과 경기는 지난주 보합에서 상승으로 전환됐고 인천은 하락으로 전환됐다. 서울 강북권(0.02%)은 중구와 마포구에서 상승폭이 확대됐다. 다만 영등포구, 서초구는 하락 전환되며 지난주에 이어 보합세를 유지했다. 시·도별로는 제주(0.52%)와 울산(0.08%), 강원(0.05%), 부산(0.02%), 전남(0.02%) 등은 상승하였고, 충남(-0.08%), 광주(-0.05%), 경북(-0.04%), 대구(-0.04%) 등은 하락했다.

부동산시장의 정보 비대칭

개인적으로 2015년 초 부동산경매에 참가한 적이 있다. 평소 관심이 있던 서울 삼성동 지역 소형아파트가 경매물건으로 등록되어 관련 컨설팅업체를 통해 참여하였다. 경매에 대한 관심도가 높아지는 상황이었던 시기로 약 40여 명이 응찰을 하여 생각보다 높은 가격에 낙찰이 되는 것을 경험하였다. 하지만 이후로는 경매를 하지 않는다. 소액인 경우에는 경매가 아니어도 저평가되어 남들이 쳐다보지 않는 투자할 만한 물건들이 충분한 상황에서 굳이 정보가 모두 오픈되고 공개경쟁을 하는 시장에 번거롭게 참가할 이유가 없기 때문이다. 그뿐만 아니라 초기 투자금액도 상대적으로 더 드는 단점도 있고 세입자가 있을 경우에는 이런저런 번거로움이 수반되기 때문이다.

당연한 얘기지만 실제 발품을 팔지 않으면 저평가된 부동산을 발견하기란 쉽지 않다. 많이 돌아다니고 오래 지켜보아야 그 흐름 파악이 가능하다. 산삼을 찾기 위해 이 산 저 산 발품을 팔며 돌아다니는 심마니가 고생을 통해 귀하디귀한 산삼을 찾아내는 것처럼 부동산도 자신만의 잣대로 저평가된 지역을 찾는 눈을 갖는다면 심마니 이상으로 부가가치를 충분히 만들어 낼 수 있다. 필자가 한 물건당 3천~8천대 소액투자를 하며 두 배의 법칙을 실현하는 데에는 꾸준한 관심과 노력을 통해 발견한 저평가 물건에 대한 집중 투자가 큰 효과를 발휘하였다.

집중해야 사는 경제 구조

자원도 없고 자본도 부족했던 우리나라가 빠른 시일 내에 세계 10위권의 경제력을 가진 국가로 도약한 데에는 집중화된 경제구조가 상당한 그 한몫을 했음을 어렵지 않게 알 수 있다.

우리나라의 대표적인 공업지역인 울산을 살펴보자. 단일공장 세계 1위 규모의 현대자동차 공장과 SK이노베이션 정유공장, 세계 1위 기술력을 가진 현대중공업 등 세계적인 규모의 생산시설이 자리 잡고 있다. 또한 서울, 인천, 수원의 수도권 삼각벨트 지역은 세계적으로도 흔하지 않은 고소비 인구 밀집지역이다. 이러한 집중화된 경제구조는 단시간 내에 우리 경제를 성장시킨 원동력 중의 하나이다. 노무현 정부 때 기획되었던 정부부처 이관 및 공기업 지방 분산정책으로 수도권 과밀화가 일부 해소되었지만 수도권 과밀화를 그대로 뒀으면 경제 여건만은 지금보다 더 나아지지 않았을까? 하는 조심스러운 예측을 해본다.

* 일본의 콤팩트 시티

우리와 여건이 비슷한 일본이 콤팩트 시티 즉 주거, 소비, 근무 공간의 결합된 형태를 통하여 새로운 도시 경쟁력을 찾아가고 있는 사례를 보여주고 있다. 다음은 2015년 1월 매일경제에 보도된 일본 콤팩트 시티 관련 기사이다.

일본 도쿄역에서 자동차로 10여 분 달리자 낡은 중소형 빌딩들 사이로 키가 세 배가량 높은 초고층 빌딩이 눈에 들어온다. 일본 디벨로퍼인 모리빌딩이 2014년 6월 준공한 도라노몬힐스(247m)다. 맞은편에는 일본도시재생기구UR가 도라노몬병원, 국립인쇄국공장, 교도통신회관빌딩을 하나로 묶는 고층오피스빌딩(179m)과 외국인이 이용하기 편리하도록 영어로 진료하는 국제병원(99m)을 짓는 재개발 사업이 시작됐다.

준공된 지 30년이 넘은 중소 빌딩이 밀집된 도라노몬은 중년 샐러리맨들이 자주 찾아 '아버지의 거리'로도 불린다. 이면도로엔 '쇼와시대'의 흔적을 엿볼 수 있는 골목길과 건물들도 꽤 있다. 이런 도라노몬이 향후 10년 이내 도보 10~15분 거리에 집, 회사, 병원을 비롯한 각종 편의시설, 공원 등을 총망라한 초고층 콤팩트시티로 변신한다. '제번스의 역설'처럼 교통, 통신 기술의 발달로 인접성의 가치는 더욱 커지고 있다.

일본 정부의 '도쿄 아시아 헤드쿼터 전략'에 따라 2014년 국가전략특구로 지정되면서 직주근접에서 한발 더 나아가 '직주일체職住一體'가 가능한 새로운 글로벌 비즈니스타운으로 탈바꿈하는 것이 목표다. 이 지역의 맹주격인 모리빌딩은 도라노몬과 인근 롯폰기에서 도쿄 올림픽이 개최되는 2020년까지 도라노몬힐스와 같은 초고층 복합빌딩 3~5개를 선보일 예정이다.

콤팩트시티는 일본 정부가 도입한 국가전략특구제도의 힘이 크다. 정부와 도쿄도는 민간이 제안하는 공공기여에 따라 용적률을 대폭 완화해주고 있다. 특구인 도라노몬 도시재생사업지는 용적률 상한선이 사라지면서 최근 1000~1400%까지 상향 조정됐다. 토지용도 변경 등 지자체 인허가를 받으려면 보통 수년씩 걸리지만 내년까지 불과 1~2년 내에 신속하게 처리되는 점도 인센티브다.

도쿄뿐 아니라 세계 주요 도시는 콤팩트시티 만들기에 열을 올리고 있다. 뉴욕 맨해튼은 스카이라인이 또 한 번 바뀌고 있다. 싱가포르는 마리나베이샌즈가 있는 마리나베이지구 남부에 오피스(130m)와 맨션(200m)으로 구성된 복합 개발 '마리나원'을 내년 완성할 계획이다. 수직도시 홍콩도 2030년 인구가 840

만 명까지 계속 불어나면서 중심업무지구 오피스와 주택 수요를 충당하기 위해 전철역과 오피스, 호텔, 쇼핑몰을 몽땅 넣은 초고층 대형 복합개발에 관심이 높다.

콤팩트시티는 저출산·고령화에 따른 인구 감소로 축소·소멸 위기에 놓인 지방 도시의 돌파구가 될 것으로 보인다. 일본 정부는 흩어진 지방 중소도시를 중심 시가지에 최대한 집적시키고 도시별로 다양한 기능을 분담하고 서로 이용할 수 있도록 네크워크화하는 작업에 착수했다.

저성장도 성장

다음은 글로벌 주요 전망기관이 우리나라 경제성장률과 관련하여 보도한 내용인데 2017년까지 2%대 저성장에서 벗어나기 어렵다는 전망치를 내놨다.

조사기관인 '컨센서스 이코노믹스'는 올해 1월 한국의 국내총생산GDP 성장률 전망치에 대해 올해 평균 2.8%, 내년 2.9%로 제시했다. 컨센서스 이코노믹스는 글로벌 경제연구소와 투자은행IB 등의 경제 전망치를 모아 매달 발표하는 조사기관으로 글로벌 700여 명의 이코노미스트로부터 전망치를 받아 각국의 성장률을 집계한다. 2017년 전망치는 이번에 처음 제시됐다.

이번 1월 집계에서 한국 경제에 대해 전망한 곳은 이코노미스트 인텔리전시 유닛EIU, 골드만삭스, 노무라 등 19곳으로 전망치가 현실화된다면 성장률이 작년(2.6%)에 이어 3년 연속 2%대에 머물게 된다. 한국 경제가 2년 연속 2%대 이하 성장률을 보인 시기는 2008년(2.8%)과 2009년(0.7%), 2012년(2.3%)과 2013년(2.9%) 등 두 차례뿐이다. 2014년에는 3.3%로 집계됐다.

정부가 2016년 2월 현재 '21조 원+알파(α)'의 자금 조기 집행 등 경기 부양책을 추진하지만 평가는 여전히 부정적이다. 애초 올해와 내년 성장률을 각각 2.8%, 2.6%로 전망하는 KDB대우증권은 정부의 부양책에도 오히려 하향 조정을 검토 중이다. 수출을 중심으로 한 경기 하강세 때문에 정부의 이번 부양책이 역부족하다는 분석이다.

위와 같이 우리경제가 저성장의 국면에 접어든 것은 누구도 부정할 수 없는 엄연한 현실이다. 하지만 저성장도 성장이다. 고성장기든 저성장기든 그 내면에는 상대적으로 성장이 큰 부문과 작은 부문이 반드시 존재한다. 부자가 되기 위해서는 그 시기에 관계없이 성장률이 높은 부문을 찾아내어 활용하기만 하면 된다.

2배의 법칙을 향하여

종잣돈 만들기를 우선순위로

2014년 2월 10일자 CNBC 인터넷판의 보도는 백만장자가 될 수 있는 첫 번째 비결은 "부자가 되기 위해서는 무엇보다 저축을 많이 해야 된다."라고 강조하고 있다. 미국의 자산관리업체인 PNC웰스매니지먼트가 500만 달러(약 53억 6000만 원) 이상을 소유한 자산가들을 대상으로 "자신이 부자가 되는 데 가장 기여한 행동"에 대해 물어본 결과 1위를 차지한 응답은 "저축을 일찍부터 정기적으로 하는 것"으로 나타났으며 2위는 "현명한 투자 선택"이었고 3위는 "많은 소득", 4위는 "지출 관리"가 차지했다.

CNBC는 "이번 조사를 통해 백만장자들의 삶의 트렌드가 바뀌고 있다는 사실이 밝혀졌다."라고 전했다. 또한 "백만장자들은 열심히 일하고 일찍 꾸준히 저축함으로써 스스로의 운명을 개척했다. 열심히 일하면 성공할 수 있다는 '아메리칸 드림'이 아직까지 유효하다는 사실을 반영해 주고 있다."고 했다.

미국의 사례이긴 하지만 부자들은 소득이 발생한 초기부터 철저한 목표하에 저축을 해오고 있음을 보여주고 있다. 우리나라의 자수성가한 사람들도 그들의 2~30대가 이들과 별반 다르지 않을 것이다.

60세 이후 인생에 있어 행복하기 위해서 꼭 필요한 요소 중의 하나는 여유 있는 자산의 확보이다. 하지만 60세 이후에는 근로능력이 저하되어 추가적으로 자산을 만들어 내기란 쉽지 않기 때문에 상대적으로 여유 있는 시기에 자산 만들기에 충분히 관심을 가지고 실천해야 한다. 이 같은 행복한 노후준비를 위해서는 자산 마련을 위한 저축이 필수이다. 부모님들에게 물려받은 재산이 충분한 상황이 아니라면 과감히 저축 가능액을 조금씩 상향시켜 떼어내고 남은 생활비로 기존 일상의 생활을 꾸려가야 한다.

하지만 대개의 가정에서 자산 만들기를 위한 저축금액의 순위가 1순위인 경우를 찾기가 쉽지 않다. '살면 얼마나 산다고……'라는 말로 스스로 위로하면서 난방비나 관리비 절감노력은 없이 나오면

나오는 대로 내고, 아이들 학원은 다른 사람들과 비교하여 이것저것
보내고…… 등등 쓰고 남은 돈을 저축하고 거기에 맞춰 생활하는 것
이 대개 일상화되어 있다.

치밀한 노력 없이 안정된 노후생활을 보장받기가 쉽지 않다. 여
유 있는 노후를 원한다면 젊었을 때 이에 합당한 노력을 하든지 아
니면 탁월한 능력을 보이든지 해야 한다. 지금까지 당신이 평범하였
다면 당장 손쉽게 접근할 수 있고 실현 가능한 비용절감형 생활패턴
으로 변화를 적극 추진해 보자.

* 3無의 대학총장님

다음은 2014년 1월 조선일보에 실린 기사내용이다.

2014년 1월 취임한 천장호(65) 광운대 총장은 학교에서는 흔
히들 '3무'無 총장으로 통한다고 한다. 평생 동안 휴대전화와
자가용 없이 산 데다, 총장 취임 이후에는 매월 약 1000만 원인
총장 월급도 받지 않기 때문이다.

그는 환경·에너지 분야의 노벨상이라고 불리는 에니상Eni
Awards 최종 후보에 2011~2012년 2회 연속 올랐는데 수소에너
지 연구에 필요한 '외부 전압에 따라 수소가 전극에 어떤 모양

으로 달라붙는지를 추정하는 방법'을 세계 최초로 발명한 세계적으로 권위 있는 학자이다. 이러한 천 총장은 평생 휴대전화를 가진 적이 없다. 그는 "교수의 주 업무가 연구인데, 휴대전화로 수시로 연락을 주고받다 보면 언제 연구하겠나 싶어 아예 살 생각도 안 했다."고 조선일보와의 인터뷰에서 밝힌 바 있다.

천 총장은 취임과 동시에 '무보수 선언'도 했다. 그는 "퇴직 후 그동안 열심히 넣은 연금을 받으면서 시골·섬 지역에서 선생 노릇을 할 계획이었다. 그런데 생각해보니 총장 임기 4년 동안 선생 노릇 할 곳이 단지 모교로 바뀌었을 뿐이더라."고 말했다.

천 총장은 미국에서 돌아와 제자들을 가르치기 시작한 1984년부터 30년간 학생들이 시험지와 과제물에 '정직 서약'을 하게 했다. 그의 수업을 듣는 학생들은 시험지 위쪽에 적힌 "나는 양심에 비춰 정직하게 시험을 보겠다."는 문구에 서명을 하고, 과제물도 "부정하게 작성하지 않았다."는 서명을 한 뒤 제출해야 한다. 천 총장은 "학생 인성 교육을 위해 30년간 믿고 실천해 온 '정직 서약'을 올 3월부터 학교 전체로 확대 실시할 것"이라고 했다.

천 총장뿐 아니라 실제로 우리 모두가 자가용이나 휴대폰 없이도 잘 살 수 있다. 돈이 조금 부족해도 살 수 있다. 우리 삶 속에 무차별적으로 쏟아지는 광고/홍보 속에서 생각을 잃어버린 무의식적인 삶이 휴대폰이 없으면 불안하고, 자가용이 없으면 불편해하는 생활을 만들고 있는 것이다.

불과 30~40년 전까지만 해도 우리국민 대부분은 자가용이나 휴대전화가 없이 잘 살았다. 오히려 정서적 풍요로움, 따뜻한 인간관계, 가지지 않은 것에 대한 여유로움 등으로 우리 삶은 훨씬 더 여유롭고 살만했다. 완전히 없이 살자는 것이 아니다. 우리가 조금만 생각하고 노력해 보면 현재 습관적으로 소비하는 적지 않은 부분들을 충분히 줄일 수 있다는 이야기이다.

매달 일정금액이 어김없이 입금되는 샐러리맨 생활. 하지만 예상되지 못한 시기에 준비되지 못한 때「퇴직」이라는 이름이 다가올 수 있는 지금 같은 경제 침체기는 당장 종잣돈 만들기에 매진하지 않으면 안 되는 이유를 보여주고 있다.

*** 뉴스테이의 함정**

뉴스테이는 전세보증금으로 일부를 내고 매달 월세를 내는 보증부 월세 방식이다. 임대료는 주변 새 아파트 시세와 비슷하거나 다소 낮다. 임대료 상승률이 연 5% 이내로 제한돼 전셋값이 뛰더라도 부담이 적은 게 장점이다. 주택 품질이 일반 분양 아파트와 크게 다르지 않은 데다 주거환경이 편리하다는 점도 뉴스테이의 매력이다. 임대기간은 최소 8년이 보장된다.

이와 같은 장점 때문에 중산층이라면 뉴스테이(기업형 임대주택)를 눈여겨볼 만하다. 이 같은 뉴스테이가 2016년부터 본격적으로 입주자 모집에 나서고 있다. 뉴스테이는 청약 규제가 없는 게 특징이다. 만 19세 이상이라면 누구나 신청할 수 있다. 청약통장이 없어도 된다. 추첨으로 입주자를 선정하므로 유주택자도 불이익을 받지 않는다. 전셋집과 같기 때문에 입주 후에도 취득세 등의 세금도 없다.

하지만 '위기가 기회이다.'라는 옛말이 틀리지 않아서인가? 급여생활자의 약 8%가 억대 연봉자라는 울산의 경우만 하여도 대기업 사택과 같은 저렴한 주거형태에 안주하고 있는 생활자일수록 자산이 적은 경우가 많다. 억대 연봉자가 월 관리비 20만 원이 채 안 되는 18평 사택에 살면서 신용불량자인 경우도 다수 목격하였다.

정부나 시가 제공하는 저렴한 주거시설에 사는 사람치고 잘사는 경우가 흔치 않다. 어차피 영원하지 않은 주거형태라면 과감히 현실로 자신을 내몰고 먼저 종자돈을 만들자. 그리고 노후의 버팀목을 만들 수 있는 묘책을 찾아보자. '구하라 그러면 얻어질 것이다.'라는 성경의 말씀처럼 그 결실들이 만들어질 것이다.

수요와 공급의 법칙

우리가 필요한 지식은 중학교 때 다 배웠다. 수요에 비해 공급이 많아지면 가격이 떨어지고 수요가 공급대비 많아지면 공급자가 유리한 위치를 점유하게 되어 가격이 오르는 것이 경제학의 기본 이론이다. 당연히 부동산시장에서도 어김없이 적용되고 있다. 다음의 사례를 살펴보자

* 울산 삼산동

필자가 2010년~2012년 관심을 가지고 집중 투자를 하였던 울산 삼산동 일대 아파트는 수요와 공급의 원칙을 중점적으로 고려하여 매입한 곳이다. 삼산동은 고속터미널 롯데백화점, 현대백화점이 인근에 있고 울산 최대 상권과 근거리에 있음은 물론 태화강 하구에 위치하여 아파트에서 바로 보는 태화강 조망은 울산 최고 수준을 자랑한다. 특히 이곳의 S아파트, B아파트 24평형의 경우는 울산 현대자동차에 재직하는 신혼부부들이 회사와 가까운 거리 등의 이유로 인해 최선호하는 지역의 하나로 전세나 월세에 있어 절대적으로 수요가 공급대비 우위를 보이는 지역이다. 부근을 통틀어 24평형 아파트의 경우는 1,000세대 정도로, 인근에 새롭게 아파트 지을 땅이 없는 점 등을 감안 시 절대적으로 공급자 우위인 지역이다.

매입 초기인 2010년 초 울산 삼산동 B아파트 24평형의 경우 1억 4,000만 원 미만에 좋은 층의 아파트를 매입할 수 있었는데 2015년 10월 현재 매매가 2억 3천만 원, 전세가 1억 6천만 원대에 가격이 형성되어 있다. 매매가 기준 약 70%가량 가격이 상승했고 투자 수익률로는 초기 1억 1,000만 원 전세를 주며 3,500만 원을 투자하여 매입했으니 관련 세금 등을 감안해도 순수 투자수익률은 200%를 상회하고 있다.

* 서울 중구/종로구

종로구와 중구 집값이 최근 많이 올랐다는 보도가 있었다. 지인을 통해서 우연히 중구 쪽 부동산이 꾸준히 상승했다는 내용을 이미 접한 적이 있었는데 외국인 회사 주재원, 외국 공관원 등의 수요를 감안 시 절대적으로 수요가 꾸준한 지역임에도 공급 부족이 만들어낸 결과임을 직감하였다. 2006년 1분기 각각 약 3억 5,000만 원, 3억 8,000만 원이던 종로구, 중구의 아파트 평균 매매가격은 2016년 1분기 기준 약 50% 이상 가격이 뛴 5억 5,000만 원, 5억 7,000만 원에 형성되어 있다. 다음은 2016년 5월 매경 이코노미에 보도된 관련 기사 내용이다.

종로구와 중구 집값엔 공통점이 있다.

첫째, 재건축 추진 소식이나 관련 호재가 있을 때마다 급등락을 반복한 강남권 아파트값과 달리 종로구와 중구는 집값 흐름이 비교적 안정적이었다. 부동산114 시세 자료에 따르면 올 1분기 말 기준 종로구와 중구 평균 아파트 매매가격은 3.3m²당 1,610만 원 그리고 1,690만 원으로 3년 전인 2013년 같은 기간(3.3m²당 1,598만 원, 1,624만 원)보다 각각 0.75%, 4.06%씩 상승했다.

두 지역 아파트값 상승률은 같은 기간 서울시(7.55%)나 강남구(12.39%)에는 못 미치지만 반대로 큰 등락 없이 상승세를 유지했다. 글로벌 금융위기가 지나간 2010년께 이후 서울시 집값은 3.3m²당 1,800만 원 중반에서 1,600만 원 초반대를 오갔지만 종로구와 중구 집값은 1,600만 원 안팎에서 시세를 유지했다.

둘째, 두 지역 아파트 매매 시장이 크게 두각을 나타내지 않는 동안 새 아파트 공급도 많지 않았다. 희소가치가 집값 상승을 이끌었다는 얘기다. 임병철 부동산114 책임연구원은 "종로구는 도심에 있으면서도 10년간 공급이 3,000여 가구에 불과할 만큼 새 아파트가 적었던 탓에 가격이 상승했다. 중구 역시 도심과 가까워 주거 선호도가 높은 데 반해 공급은 많지 않고, 대신 매매·전세 거래가 활발한 곳"이라고 분석했다.

* 대구 수성구

2010년대 초부터 2015년 상반기까지 전국 최고의 가격 상승률을 보여 왔던 대구 수성구 지역, 대구권 최고의 학군으로 웬만한 서울권에 육박하는 가격 수준까지 올랐지만 지나친 가격 급등으로 2015년 하반기부터 수요가 급감하고 있다. 다음은 2015년 10월 헤럴드경제에 보도된 관련 기사 내용이다.

동대구역에서 자동차로 5분 거리에 있는 수성구 만촌동. 아파트 상가 중개업소 유리창엔 A4용지에 인쇄된 매물표 20여 장이 촘촘히 붙어있었다. 대개는 매매 물건들. 전세·월세 매물은 적었다. 집주인들이 팔겠다고 내놓은 매물 가운데엔 '급매'가 적힌 것들도 많았다. 호가(4억~5억 원)만 보면 서울의 아파트 가격과 괴리가 없었다. 한 부동산 사무실은 허리 높이부터 머리 높이까지 매물표로 도배했다. 업소 안이 들여다보이지 않을 정도였다.

최근 2~3년간 독보적인 집값 상승률을 보인 대구에서 거래량이 떨어지는 등 이상 징후가 목격되고 있다. 지나치게 높은 가격 때문에 시장에 쌓인 피로감이 반영된 것이다. 대구에서도 집값이 가장 많이 오른 곳은 대구 수성구 일대. 지난 3년간 대구 아파트 매매가는 평균 34.45%(KB국민은행 통계) 올랐다. 특히 '대구의 강남'으로 불리는 수성구는 40.15%나 뛰었다. 이 기간 서울의 아파트값 변동률이 1.80%에 그친 것과 비교하면 온도 차는 분명하다.

이처럼 독보적인 집값 오름세를 보이고 있는 대구에서 최근 이상 징후가 불거졌다. 인근의 부동산 전문가는 "대구가 투자시장에서 실수요자 시장으로 전환되면서 거래량 자체가 많이 줄었다. 매수자들이 시장에 들어오는 타이밍을 선별하기 시작했다."며 "내년부터 공급량이 많은 시 외곽에 새로 입주하는 단지 중심으로 저가매물이 속속 등장하면서 가격 하향세가 본격화될 수 있다."고 내다봤다.

부각되는 환경가치

소득이 늘어나면서 우수한 입지여건 및 쾌적한 환경을 고려한 투자선호도가 점차 커져가고 있다. 다음에 소개되는 제주도와 세종시의 경우는 이러한 최근의 트렌드가 나타난 대표 사례이다.

1) 제주도 부동산

기록적인 한파에 다음 달 대출규제 시행을 앞둔 2016년 1월 주택시장은 글로벌 경제침체 및 대출규제 소식 등으로 서울 강남 재건축 시장마저 꽁꽁 얼어붙게 만들었지만 제주도 주택시장만은 예외다. 폭설로 제주공항이 마비됐음에도 신공항, 혁신도시 등 각종 개발 호재 외에 늘어나는 인구 등으로 제주도 부동산 시장은 뜨겁게 달아오르고 있다. 인구는 계속 느는데 주택이 크게 부족하다. 당연히 오를 수밖에 없는 것 아닌가? 주택사업자들은 이런 흐름을 간파하고 제주도 시장에 들어오려고 하지만 개발할 만한 땅이 부족해 애만 태우고 있다.

한국감정원에 따르면 지난해 1년간 제주도 땅값 상승률은 7.5%로 전국 평균(2.4%)을 3배 이상 추월했다. 서울 지가상승률 2.6%와 비교해도 3배 수준으로 전국에서 압도적인 1위를 기록했다. 특히 제주도 땅값은 2015년 11월 제2공항 건설계획이 발표되면서 크게 뛰기 시작했다. 실거래가가 아닌 호가 기준이기는 하지만 신공항 호재가 제주도 지가 상승을 이끌고 있다.

제주도 주택가격도 지난해 약 8% 올랐다. 전국 평균인 3.5%와 비교하면 2배 이상이다. 특히 제주도 아파트 매매가격은 1년 새 14% 가까이 올랐다. 전국 평균(4.9%)보다 3배 가까이 더 올랐다. 이 정도

면 주택가격 급등 수준이다. 제주도 시장만 나 홀로 초강세를 이어
가고 있는 모양새이다. 실제로 '제주의 강남'으로 불리는 노형동 아
파트 3.3m^{2}당 가격은 이미 1,000만 원을 넘어섰다. 대구·부산·광주
등 6대 광역시 아파트 3.3m^{2}당 가격이 950만 원 수준인 점을 감안하
면 서울·수도권 지역을 제외한 웬만한 지역 아파트 가격보다 비싸
다. 제주도 주택가격 급등은 인구 증가와 가구 수 증가 영향이 큰 것
으로 전해진다. 실제로 통계청에 따르면 최근 5년간 제주도 주민등
록 인구는 약 5만 명 늘었다.

불황에 빈부의 격차가 커지는 요즘, IT산업의 발달로 사람이 경제
의 중심에서 소외되어 가는 요즘 누군가를 의식하고 살아가지도 않
아 편안함은 물론, 연중 따뜻한 날씨, 풍요로움을 선사하는 자연경
관, 편안한 예스러움마저 간직하고 있는 제주의 주거환경은 금값이
되어가고 있다.

2) 세종시 이야기

도시 인프라를 잘 갖춘 세종시로의 인구 유입이 가속화되고 있
다. 세종시 안에 직장이 없어도 세종시 새 아파트에 살면서 인근 대
전, 청주 등지로 출퇴근하려는 직장인이 많이 늘어나고 있다. 단지
안에 초·중·고등학교가 많아 교육 여건이 좋은 것도 세종시 인구

증가 요인으로 꼽힌다. 세종시는 수도권 인구 분산보다 충청권 인구 블랙홀이 됐다. 세종시 전체 인구는 2012년 11만 5,388명에서 2015년 22만 3,672명으로 3년 만에 두 배 가까이 늘었다.

통계청에 따르면 최근 3년(2013~2015년)간 대전·충남·충북에서 세종시로 5만 6,807명이 순유입됐다. 전입 인구가 전출 인구보다 6만 명 가까이 많았다는 뜻이다. 지난해 순유입을 보인 시·도 중 세종시가 전국에서 압도적인 1위다. 인구 대비 순이동자 수 비율인 순이동률을 보면 세종시는 29%로, 2.3%로 2위를 차지한 제주도를 크게 앞질렀다. 문제는 세종시 인구가 늘면서 대전·충남·충북 인구가 줄고 있다는 점이다. 또한 통계청에 따르면 지난해 다른 시도에서 세종시로 들어온 인구는 약 7만 명인데, 이 중 대전이 차지하는 비중은 36.8%로 압도적이다.

충북 청주와 충남 공주에서도 세종시로 이사 오는 사람이 해마다 늘고 있다. 지난해 청주에서 세종시로 전입 온 사람은 전출을 간 사람보다 6,268명 많다. 공주도 세종시에서 온 사람보다 세종시로 나간 사람이 해마다 2,000여 명씩 더 많이 발생하고 있다.

3) 환경가치만 보고 부동산을 매입하다

필자가 2015년 초 집중 매입을 하였던 서울 강남구의 선릉역 주변, 그중에서도 진선여고 인근 W주상복합아파트 경우는 인근 빌딩의 조경시설 들이 도심권 미니공원을 형성하고 있다. 이로 인하여이 W아파트는 도시 중심권 소규모 주상복합아파트에서 좀처럼 찾아보기 힘든 조망권 및 경관을 확보하고 있었다. 우리보다 조경문화가 앞선 일본의 어느 도심지역을 연상하게 하는 그곳의 환경가치에 매료되어 매입을 결정하게 된다. 직장생활로 바쁜 필자로서는 인터넷 부동산 사이트에 제공되는 정보만 가지고 2채의 부동산 매입을결정하였다.

처음 거래하는 부동산 사무실과 한 통의 전화만으로 사겠다는 의사를 전달하고 매수 절차를 진행하였는데 해당 중개사무소는 빠른의사결정에 놀라며 필자를 대신하여 대상 주택을 방문하고 다양한내·외부 사진을 찍어 보내주기도 하였다. 이후 인근 다른 부동산 사무소 관계자들을 통하여 전세나 월세를 구하는 이들에게 인근에서선호도가 가장 높은 물건 중의 하나라는 사실을 전해 들으며 예상이틀리지 않았음을 확인한 바 있다. 비슷한 평형, 비슷한 가격대에서우수한 주변 환경에 대한 고려는 최우선 고려 조건임에 분명하다.

 부동산 투자 1년 2배의 법칙

불황기에 유리한 투자금액이 적은 물건

1) 절대가격이 낮을수록 좋다

*** 서울 강북과 강남지역 집값 격차가 빠른 속도로 좁혀지고 있다**

이데일리가 부동산114에 의뢰해 10년 전인 2006년 3월부터 2016년 3월 초까지 서울 강남권(강남·서초·송파·강동구)과 나머지 21개 자치구의 아파트 매매가를 비교한 결과, 2008년 글로벌 금융위기 이전인 2006년 3.3m²당 1,599만 원(강남권 2,879만 원, 21개 자치구 1,280만 원)까지 벌어졌던 강남·강북 집값 차이가 1,172만 원(강남권 2,599만 원, 21개 자치구 1,427만 원)으로 10년 새 26.7%(427만 원) 줄어든 것으로 나타났다. 10년 전만 해도 강남의 절반 수준에도 못 미쳤던 강북 집값이 이제는 강남의 5분의 3 수준까지 좁혀진 것이다.

특히 마포구와 성동구 집값 상승세가 두드러졌다. 거대 상업·업무지역인 종로·광화문에 가려졌던 마포구는 도심권 주거 재정비 사업이 속도를 내면서 강북 아파트시장의 신흥 강자로 등극했다. 마포구의 아파트값은 2006년 3.3m²당 1,156만 원에서 2016년 3월 현재 1,774만 원으로 10년 새 36%(638만 원) 뛰었다. 같은 기간 강남구의 아파트값 상승폭(490만 원)을 크게 웃도는 수치다. 반면 강남지역은 지난해 주택 경기 호황으로 가격 반등에 성공했지만 강북지역보다는 상승 속도가 더딘 편이다.

* 공시가격 기준 3억 원 이하 디딤돌 대출

국토교통부는 '주거안정 강화 및 민간투자 활성화 방안'으로 2016년 2월부터 모기지신용보증을 본격 도입하겠다고 밝혔다.

모기지신용보증은 주거전용면적이 85m²(수도권을 제외한 도시지역이 아닌 읍 또는 면 지역은 100m²) 이하의 주택 중 주택가격 3억 원 이하의 주택을 대상으로 디딤돌대출을 신청하는 경우 이용이 가능하다. 국토부는 모기지신용보증을 신청하면 서울 소재 2억 5,000만 원 주택을 기준으로 13만~70만 원의 연간 이자부담을 덜게 된다고 밝혔다. 그동안 주택도시기금의 내 집 마련 디딤돌대출을 이용해 대출금액을 산정하는 경우 최우선변제 소액임차보증금이 전액 제외됐으나 앞으로는 최우선변제금만큼 보증부 대출을 지원하는 한국주택금융공사 보증상품을 통해 주택담보대출비율LTV 한도까지 대출이 가능해졌다.

모기지신용보증은 주택담보대출 때 최우선변제금만큼 보증부 대출을 지원하는 한국주택금융공사의 보증상품이다. 또 최우선변제 소액임차보증금이란 주택임대차보호법령상 임차인을 보호하기 위해 설정한 최우선 변제금액으로 서울 3,200만 원, 수도권과밀억제권역 2,700만 원, 광역시 등은 2,000만 원, 기타 지역은 1,500만 원이다.

2) 전월세가 높은 지역

한국주택금융공사 주택금융연구원은 2015년 8월부터 올해 1월까지 전국 7,000가구(주택금융공사 대출상품 이용 2,000가구 포함)를 상대로 주택금융 및 보금자리론 수요실태조사를 실시한 바 있는데 이 보고서에 따르면 주택 구매는 전세가격이 매매가격의 70%를 넘어설 때 급증하기 시작했다는 내용이 있다. 투자 고려 시 '왜 전월세가 높은 지역에 투자를 해야 하는지?'를 다시 한번 확인시켜 주고 있다. 다음의 사례는 전월세가 높은 지역 중심으로 투자하여야 하는 이유와 관련하여 참고할만한 사례 중의 하나이다.

2016년 2월 서울·수도권 전세시장이 지역별로 따로 놀고 있다. 서울 도심지역에서는 전세 물건이 씨가 말라 전셋값이 연일 상승세다. 반면 위례·동탄2·김포한강 등 수도권 2기 신도시에서는 세입자를 기다리는 전세 물건이 널려 있다. 2015년 말부터 대단지 아파트 입주가 이어지면서 전셋값도 약세를 면치 못하고 있다.

다음은 이데일리의 2016년 02월 02일 자 기사이다.

정부의 가계대출 규제 시행을 이틀 앞둔 지난달 30일 오후 서울 송파구 잠실동 J공인중개사 사무소. 전용면적 59m²짜리 전세 아파트를 찾는 문의 전화가 한 통 걸려왔다. 책상 위로 전세 물건 명단을 적은 수첩이 놓여 있었지만 J공인중개사 관계자는 수첩을 열지 않고 대답을 이어갔다. 그는 "이 동네 엘스·리센츠·트리지움·파크리오 등 4개 아파트 단지, 2만 1,801가구 가운데 전용 59m²짜리 전세 물건이 아예 없다."며 "친분 있는 집주인의 전용 84m²짜리 전세가 8억 7,000만 원에 나왔는데 오늘 안에 나갈 것"이라고 말했다. 이곳에서 승용차로 20분(8.74km) 남짓 거리에 있는 경기도 위례신도시(성남시 수정구 창곡동)에 도착하니 상황은 딴판이다. 입주가 한창인 '위례 사랑으로 부영' 아파트 전용 85m²형 전셋값은 3억 3,000만~3억 5,000만 원으로 한 달 새 5,000만 원 가까이 떨어졌다.

위례신도시에서는 2015년 11월 '엠코타운 플로리체' 아파트(970가구)를 시작으로 이달 공공분양 아파트인 '위례에코앤롯데캐슬(1,673가구)까지 총 7개 단지 6,426가구가 집들이를 시작했다. 입주 물량이 쏟아지자 전셋값도 하락세다. 입주가 한창인 엠코타운 플로리체 전용 95m²형 전셋값은 4억 1,000만~4억 2,000만 원으로 최근 두 달 새 8,000만~9,000만 원 가까이 빠졌다.

가치상승 요인을 가졌는가?

＊ 투자지역 인근에 주거용 부동산 개발이 있는가?

2016년 2월 10일 현재 시가총액 아모레퍼시픽 23.5조 원(아모레퍼시픽은 매출 4조 7,666억 원, 영업이익 7,729억 원으로 전년 대비 각각 23%, 37% 성장) 현대자동차는 시가총액 29.4조 원(매출 약 92조, 영업이익 6조 4천억 원)으로 아모레퍼시픽의 125% 수준이다. 경영실적으로는 9~10배 수준임에도 주가수준으로는 25% 수준 차이밖에 나지 않는다.

관련업계 2등주들을 비교해보자. LG생활건강도 2015년 창사 이래 역대 최고 실적을 달성했다. LG생활건강은 2015년 매출과 영업이익은 5조 3,285억 원, 6,841억 원(전년 동기 대비 각각 13.9%, 33.9% 성장했다)이다. 한편 기아자동차는 2015년 경영실적이 매출액 49조 5,214억 원, 영업이익 2조 3,543억 원인 상황에서 시가총액 18조를 유지하고 있다. 기아차는 LG생활건강 대비 매출액 기준 9배 이상, 영업이익 기준 3배 이상임에도 주식 시가총액은 120% 수준에 머물고 있다.

아모레퍼시픽과 LG생활건강의 성장가치를 주식시장에서는 높이 평가하고 있다. "주식은 미래가치다."라는 말이 실감난다. 이와 마찬가지로 부동산시장에서도 미래 발전가치를 중시한다. 인근지역에 대규모 인프라 개발 예정지가 있다든지, 택지개발 지역이 있는 경우는 어김없이 그 혜택을 누리곤 한다.

필자가 울산 삼산동 지역에 주거용 부동산을 매입하던 2010년
~2012년경 인근 우정혁신도시의 대규모 주택개발로 인하여 삼산동
지역의 부동산 가격의 하락을 염려하던 한 부동산 사무소 사장님의
염려가 떠오른다. 필자의 경험으로는 투자가 인근지역의 부동산 가
격을 떨어뜨리는 경우보다 시너지 효과를 내는 경우가 더 많음을 목
격하여 왔다. 대부분 새 아파트라는 이유로 혹은 개발회사의 이익까
지 고려한 분양가로(주변 아파트 대비 훨씬 높은 분양가로) 인근지역 부동
산 가격을 상승시키는 경우가 훨씬 많았다. 개발이 되면 주변 여건
이 개선되어 부동산 가격의 상승으로 이어지는 것이 지금까지의 현
실이었다.

2배의 법칙 적용

샐러리맨에게 최적의 투자처 주거용 부동산

2016년 1월 국민연금공단이 발표한 '국민연금 공표통계' 자료에 따르면 지난해 10월 말 기준 노령연금 월 급여 수급자는 307만 3명이며, 1인당 수령액(특례 제외)은 월평균 34만 8,570원(최고 186만 5,420원)으로 나타났다. 하지만 100만 원 이상의 최고 금액을 받는 급여수급자는 9만 1,286명으로 전체의 2.97%에 불과하고, 전체의 30.31%(93만 389명)는 10~20만 원, 24.96%(76만 6,141명)는 20~30만 원을 받는 것으로 나타났다. 10만 원 미만을 받는 수급자도 3만 3,261명이나 됐다. 이는 보건복지부에서 정한 2016년 1인 가구 월 중위소득인 162만 4,831원에도 못 미치는 금액이다.

바야흐로 100세 시대다. 그러나 50대 은퇴자는 되레 늘고 있다. 이들 중 상당수가 재취업에 실패하고 눈 돌리는 것이 바로 '수익형 부동산'이다. 하지만 무턱대고 투자를 했다가는 낭패를 보기 십상이다. 직접 발품을 팔아 입지 등을 꼼꼼히 살피고 투자에 나서야 후회가 없다.

최근 상가, 오피스빌딩, 오피스텔, 지식산업센터 등 수익형 부동산은 저금리 시대에 높은 임대수익률을 올릴 수 있어 투자자들 사이에서 인기다. 2015년 오피스 투자수익률은 5.93%로 2013년(5.29%)과 2014년(5.91%)에 비해 상승했다. 중대형 매장용도 2013년 5.32%, 2014년 6.16%, 2015년 6.24%로 2년 전보다 0.92%포인트 증가했다. 하지만 한편 주거용 부동산과 달리 수익형 부동산은 종류도 다양하고 금액도 천차만별이라 투자 전 '옥석 가리기'는 필수다. 수익형 부동산의 경우 소액으로 투자할 수 있는 물건을 찾기도 어렵고 상권을 보는 시각이 부족할 경우에는 투자실패로 이어질 수 있어 리스크가 크다.

＊ 상가투자에 실패한 K씨

3년 전 중소기업 중역으로 재직하다 은퇴한 K씨는 요즘 대부분의 시간을 등산과 TV 시청하기로 보낸다. 2008년 글로벌 금융위기 이전에 빚을 내 수도권 상가에 투자했는데 가격이 급락하면서 빚 독촉에 시달리다 사채까지 얻어 빚을 상환하고 마침내는 개인 파산까지 당한 뒤 부쩍 자신감이 사라졌다. 중소기업에서 중역으로 일하며 사회활동을 활발히 한 때도 있지만 요즘은 버스요금 같은 푼돈도 아쉽기만 하다. 매달 나오는 국민연금 120만 원으로 생활하고 부족한 생활비는 자식들에게 의존하는 신세다. 주변 분위기에 편승하여 상가에 무리하게 투자했던 과거가 후회스럽기만 하다.

부동산 투자의 성공 여부는 해당 부동산의 가치를 알아보는 판단 능력에 있다. 따라서 샐러리맨의 경우 경험이 없는 토지나 상업용 물건을 사고팔기보다는 약간의 관심으로 어렵지 않게 판단 가능한 주거용 부동산이 투자 대상으로 가장 적합하다고 판단된다. 필자의 경우만 하여도 아파트의 경우는 입지, 형성된 매매가 등을 바탕으로 먼저 대표 물건 하나를 구경한다. 해당 아파트 물건이 나올 경우 층, 향, 집 상태에 대한 부동산 중개사무소의 의견을 듣고 매수금액 정도를 정한다. 그리고 가격 절충점을 찾아 매매가 성사가 될 경우 보통 가계약금 일부를 넣은 다음 주말 혹은 평일 7시 이후에 본계약을 체결하곤 한다.

처음엔 번거롭게 느껴지지만 부동산 매매계약, 특히 아파트 등 주거용 부동산은 가격이나 처리방법이 규격화되어 있어 익숙해지면 30분 내외면 마무리가 된다. 이처럼 직장인들이 조금만 관심을 가져도 작은 노력으로 어렵지 않게 거래가 가능한 주거용 부동산은 직장인에게 최적의 투자처라 판단된다.

주거용 소형부동산에 대한 꾸준한 투자

앞에서 우리나라나 중국 등 특히 단기간에 급성장을 이룬 나라는 소비의 원천이 자산의 증가에 있다 보니 경기활성화를 위한 자산의 인플레이션은 현재의 경제 체제를 유지하기 위한 필수조건이 되어가고 있는 상황임을 언급한 바 있다. 특히 지금과 같은 불황 상황에서 유럽/미국 등의 사례에서 본 바와 같이 부동산 경기 활성화만큼 내수시장의 활성화에 특효약은 없음을 확인한 바도 있다. 이에 따라 필자의 견해로는 1~2년 정도 저축해서 일정금액이 쌓이면 꾸준히 (전세를 끼고) 소형부동산 한 채씩 수를 늘려가는 방법을 권하고 싶다. 불황임을 고려 시 한 번에 투자금액이 많이 소요되지 않아 상대적으로 매수 후 되팔기에도 유리하고 혹시 실수하더라도 리스크가 적은 이점도 있기 때문이다.

실제 필자는 2007년 서울 노원구 지역의 소형아파트가 급등하며 1채당 4~5천만 원의 가격 상승을 하는 것을 경험하면서 '소형아파트 여러 채 투자도 돈이 되겠구나' 하는 생각을 가지게 되었다. 2010년 이전까지 서울·수도권을 중심으로 소형아파트를 매매하면서 적잖은 수익을 올려왔지만 2010년경 우연한 기회에 울산 삼산동, 태화강 인근의 소형아파트를 3년에 걸쳐 꾸준하게 매입을 하며 특히 높은 수익을 얻었다. 그 이후로 적절한 매수 대상이 나타나면 기존 물건 중 수익이 발생한 물건을 일부 매도하기도 하면서 꾸준한 투자 패턴을 유지하고 있다.

* 선배 K씨의 경우

K씨의 경우 20여 년간 유통업에 종사하다 건강상의 이유로 노후 준비의 필요성을 느끼고 부동산을 중심으로 은퇴 이후 삶에 대한 준비를 시작하였다. 7~8년 전부터 사업을 하면서 조금씩 돈이 모아지면 소형아파트나 도심지 주거용 오피스텔 등에 1~2년 간격으로 5채에 투자하여 꽤나 큰 수익을 올려 지금은 원룸형 건물 투자에 도전해볼 정도로 자금력을 갖추게 되었다.

개인적으로 현재까지의 투자 패턴을 유지하시길 권유하였지만 최종 판단은 본인의 몫이기 때문에 앞으로 그분이 어떤 판단을 할지 모른다. 하지만 꾸준한 주거용 소형부동산에 대한 투자 메리트를 가까운 지인을 통해서도 재차 확인한 바 있다.

주거용 부동산투자를 위한 추가상식

1) 투자 자금부터 준비

필자의 경우는 투자해야겠다는 마음을 먹으면 먼저 필요한 돈을 준비한다. 좋은 물건은 사람을 기다리지 않는다. 항상 저평가된 물건은 존재하기 때문에 투자를 고려 시에는 우선 가계약을 할 수 있는 최소 몇 백만 원을 준비하고 물건을 알아보는 것이 현명하다. 우선 물건을 알아보다 좋은 물건을 놓치고 나면 본전 생각에 다음 물건까지 놓치는 악수마저 둘 수가 있기 때문이다.

2) 3~4군데 부동산 거래

부동산 매입/매도를 할 때 대부분의 사람들은 관련 정보를 부동산 중개사무실에 전적으로 의존한다. 하지만 부동산 사무실은 사실 자신들이 취급하는 범위 내에서만 정보를 주고 컨설팅한다. 더 좋은 투자처를 알고 있다 하더라도 절대 가르쳐주지 않는다. 따라서 인터넷 사전조사 또는 발품을 팔아서 객관적인 정보를 입수하고 접근할 필요가 있다.

발품 팔기 귀찮아, 혹은 우리 정서상 의리 땜에 부동산 1~2군데를 통해 물건을 알아보는 경우가 많다. 하지만 정보 여부에 따라 몇 백에서 몇 천까지 왔다 갔다 하는 현실을 감안할 때 1~2군데 부동산 거래보다는 가능하면 3~4군데 부동산 거래를 통한 폭넓은 정보 입수 후 최종 결정을 하길 권한다.

3) 저평가된 매물은 항상 존재

대자연을 보자. 높은 곳이 있으면 낮은 곳이 있어 물과 공기의 순환이 일어나게 만들고 이렇게 함으로써 자연도 살고 사람도 살고 있다.

주변의 부동산을 잠깐 둘러보아도 호재라는 명분으로 일부 지역만 움직이는 경우가 빈번하지 서울, 경기도 등 전 지역이 동시에 움직이는 경우는 흔치 않다. 이런저런 명분으로 가격이 높은 지역, 낮은 지역이 만들어지고 이로 인하여 자연스럽게 상대적 저평가 지역이 만들어지고 있다. 아파트 값이 오르면 뒤이어 빌라, 다세대가 움직이고 인접지역의 아파트 가격이 움직인다. 이런 자연스러운 흐름만 알고 있어도 투자물건을 어렵지 않게 찾을 수 있다.

또한 매수 물건을 찾을 때(즉 상대적으로 저평가된 물건을 찾을 때) 그 영역을 확장하여 찾다 보면(예를 들어 서울 강남구에 물건을 찾다가 마땅한 게 없다 싶으면 인근 서초구, 송파구 등까지 확대 검토 등) 괜찮은 것들을 반드시 발견할 수 있다는 것이 지금까지의 경험이다.

4) 선호도가 높은 물건과 차선호도 물건 간에는 가격 상승 간격이 형성

지역의 선호도가 높은 물건과 차선호도 물건 간에는 가격상승 간격이 형성되어 있다. 투자하기 전 이런 흐름만 파악하고 접근하여도 가격 상승 시 차선호도 물건 중 아직 가격인상이 안 된 물건을 충분히 찾을 수 있다. 어차피 자신이 거주할 집이 아니기 때문에 투자의 시기를 놓치는 것보다는 차선의 선택을 통하여 투자를 하는 것이 대개는 바람직하다.

5) 전세 낀 매물

지역마다 다르겠지만 전세가 끼어있는 매물은 수요자가 투자자로 한정되어 있어 상대적으로 가격이 싸게 형성되어 있다. 따라서 투자목적으로 매수할 경우에는 전세가 끼어있는 물건을 우선적으로 관심 있게 검토할 필요가 있다. 서울·수도권보다는 부동산 투자가 상대적으로 활발하지 않은 지방 지역에 갈수록 이러한 경향이 확연히 드러난다.

6) 저층/탑층 공략하기

평상시에 선호도가 다소 떨어지는 저층 또는 탑층에 대하여 매도자가 가격할인 등을 해줄 경우는 이 또한 매수를 적극 고려할 만하다. 이러한 매물들은 좋은 층에 비해 세입자 구하기가 다소 불리한 측면만 있을 뿐이다. 조금 싸게 사서 싸게 팔면 되니 투자를 하겠다고 마음먹었을 경우에는 이런저런 물건 크게 개의치 말고 매수를 하라고 권하고 싶다.

7) 주변 환경에 대한 고려

필자가 주거용 부동산 투자를 하면서 주요하게 고려하는 것 중의 하나가 주변 환경이다. 좋은 환경을 고려하여 투자하면 리스크가 크게 반감된다. 좋은 환경에서 살고 싶은 욕망은 인간의 공통사항이기 때문이다.

필자는 투자 시 인근에 강, 호수, 공원 등이 형성되어 주거시설 내부에서의 경관이 좋은지 등을 꼭 확인하곤 한다. 부동산 투자에는 몇 년간을 기다려야하는 숙성 기간이 필요한데 주변환경이 우수한 부동산은 편안하게 숙성 기간을 보낼 수 있음은 물론 매매 시에도 훨씬 수월한 것이 지금까지의 경험이다.

8) 리스크 대비는 필수

전체적인 상황이 항상 계획한 대로만 되어가지 않는다. 기업체의 경우만 하여도 흑자도산이 있고 조그만 개인 사업자의 경우도 외상 거래 과다 등으로 고생하는 경우를 어렵지 않게 목격할 수 있다.

필자의 경우만 하여도 2008년 세계 금융위기 직후 전세금을 제때 내어주기가 쉽지 않아 서울 광장동의 소형아파트를 급매로 처분한 적이 있다. 물건을 저렴하게 매수하는 것도 중요하지만 가격 상승 시까지 잘 관리하는 것도 자산을 불리는 능력 중의 하나이다.

9) 투자의 Parameter

국토교통부의 '전국의 임대 주택거래 실태 현황'을 분석한 결과, 2015년 전국 251개 시군구 가운데 3분의 1인 88개 시군구는 이미 월세 거래량이 전세 거래량을 초과한 것으로 확인됐다. 5년 전에는 월세 거래 비중이 전세보다 더 많은 곳이 30곳이었으나 최근 5년 새 급증했다. 우리나라 임대주택 시장의 대세였던 전세가 사실상 소멸 단계에 접어들고 '월세 시대'가 활짝 열리면서 '월세 비즈니스'가 확산되고 있다.

필자의 경우를 잠시 언급해 보겠다. 2015년 11월 관심을 가지고 있던 대치동의 S주상복합아파트의 경우 월세 대비 가격이 상대적으로 저렴하긴 했으나 연초 대비 가격이 3,000만 원 정도 올라 매수 여

부를 판단하는 데 몇 번의 고심을 하였다. 하지만 인근 지역 물건의 월세 대비 가격을 기준 삼아 3~4천만 원 정도 저평가로 판단을 내리고 매수를 하게 된다. 2016년 4월 현재 이 물건은 예상대로 매입 시 대비 3~4천만 원 정도 상승하였다.

* 빠르게 진행되는 월세화

우리나라에서만 존재하는 임대주택 유형인 '전세'가 사라지는 속도는 예상보다 빠르다. 국토부의 조사를 보면 전국적으로 월세주택 거래 비중은 2011년 33%에서 지난해 44.1%로 상승했다. 월세 거래량이 전체 임대주택 거래의 60% 이상 차지하는 시군구가 2011년 4곳에서 2015년에는 33곳이 됐다.

월세화 속도는 전반적으로 농촌이 다소 빠르다. 하지만 도시의 월세화도 가볍게 보기 힘든 수준이다. 월세 거래 비중이 높은 상위 10개 지역 중 경남 밀양시와 강원 동해시를 제외하면 8곳이 군 지역으로 농어촌 지역에 집중돼 있다. 한국 2위 도시인 부산의 경우 전체 16개 구 중 북구를 제외한 15개 구에서 월세 거래량이 전세보다 많다. '고가 월세'도 급속도로 늘고 있다. 집값 상승률 하락과 저금리 기조로 시작된 월세화는 거스를 수 없는 흐름이 되어가고 있다.

주거용 부동산 투자, 그 Parameter가 명확해지고 있다. 어디에다 투자해야 할 것인가? 거래되는 월세 수준만 꾸준히 관찰해 보아도 그 투자처가 명확해진다.

우수한 인프라/저평가된 아파트

*** 불황기에 오르는 상대적으로 저평가된 아파트**

2006~2007년경 서울 노원구 일대의 부동산이 한때 큰 폭의 상승을 기록한 바 있다. 웬만한 소형아파트도 단기간 4~5천만 원의 상승을 보였었다. 당시 흐름에 따라 필자도 노원구 지역에 APT를 매입한 바 있는데 그 이후 우연한 기회에 강남 삼성동 일대의 비교적 세대가 작은 원룸형 APT들이 그 좋은 입지에도 불구하고 상대적으로 낮은 가격을 형성하고 있는 것을 알게 되었다. 이에 따라 2007년 삼성동에 있는 P원룸 아파트 2채를 전세 1.3억 원씩을 끼고 각각 2억 원에 매입하였다. 실 투자금액은 2채에 1.4억 원이었다. 삼성동의 원룸아파트는 조선 성종대왕 부부의 묘역이 있는 선릉공원이 인접하여 서울 강남에서도 주거환경이 쾌적함은 물론 주변 음식점이며 상가 등도 상대적으로 잘 정비되어 있어 주변 환경 및 교통편의성 대비 저평가 지역으로 판단하고 투자를 하였다.

이후 2010년 하반기 각각 4,500만 원의 차액을 실현하고 울산 삼산동의 24평 아파트로 갈아탄다. 개인적인 궁금증으로 2억 5천만 원대에 팔았던 삼성동 P원룸 아파트 현재가를 알아보니 2015년 하반기 기준 3억 3,000만 원대에 형성되어 있다. 수년째 하락한다던 서울 수도권에서 5년 사이 30% 정도 상승한 매물이 있는 것이다.

'부동산은 어렵다. 주식은 어렵다.'라는 등의 논리에 함몰되지 않기를 바란다. 침체기라 하더라도 그 내부적으로 상대적으로 저평가된 물건이 있다면 가격 상승의 기회가 충분하다.

＊ 검토대상 APT 群[1]

· 서울 강남권 방 2~3개이면서 4~5억 원대 소규모(50가구 내외) 주상복합 APT, 주거용 오피스텔. ※강남권(강남4구, 광진구, 성동구 등)
· 서울 강남권 출근이 용이한 관악구 지역의 APT, 오피스텔
· 세종시 고운동 지역의 APT 24평형, 32평형
· 울산 삼산동 2억 원대 초반 APT 24평형, 나 홀로 APT 32평형, 달동 주공아파트 13~17평형
· 제주 서귀포 강정동 대림한숲 빌라 39평형

---

1 참고로 다음부터 언급되는 아파트군들은 필자가 알고 있는 범위 내에서 한정되어 검토할 만한 지역임을 언급한 것에 불과하며 전국적으로 그 대상은 얼마든지 확대될 수 있다.

- 강정동/법환동 현대맨션(현대건설) 24평형, 29평형
- 강정동 성산빌라 20평형, 24평형

저가 APT들의 종말

다음은 2016년 2월 신문광고를 통하여 접한 충북 음성의 아파트 분양 광고성 기사이다.

〈충북 음성의 620만 원대 아파트 분양가〉

대우산업개발은 음성 대소에 8백 70억 원 규모의 아파트, 신축공사를 수주하고 2015년 1월 착공에 들어갔다. 신축 예정인 '이안음성대소' 아파트는 총 1천 9백여 가구의 단지로 건설될 예정이며, 이번 수주한 공사는 전체 사업 중 1차 사업인 6백 51세대이다. 충청북도 음성군 대소면 소석리 일원에 지어지는 아파트는 지하 1층, 지상11~20층 11개 동 6백 51세대로 부대복리시설을 포함한다. 공급 예정인 전용면적은 △59㎡ A타입 2백 87가구, △59㎡ B타입 30가구, △74㎡타입 1백 91가구, △84㎡타입 1백 43가구 등으로 구성되었다.

충북 음성대소 지역은 통영-대전 간 중부고속도로와 평

택–제천 간 고속도로, 안성–음성 간 고속도로가 이어지는 교통 요충지이다. 대단지 안에는 약 4천㎡의 중앙공원이 넓게 자리하며, 동과 동 사이의 간격은 넓게 배치, 시원하고 와이드한 느낌을 선사한다. 입주민 전용 피트니스, 조깅트랙, 주민회의실, 유아놀이방, 독서실 등도 마련될 계획이다.

음성시 외곽 지역 600만 원 초반대 아파트의 의미는 전국 시단위의 경우 600만 원 이하로 신규아파트 공급이 쉽지 않다는 의미로 해석할 수 있다. 그렇다면 음성보다 크고 발전성이 있는 지역임에도 불구하고 600만 원대 이하로 형성되어 있는 주거용 아파트는 투자 가능성이 있다는 추정이 충분히 가능하다. 지역 소득, 인프라, 주거 환경 등을 고려할 때 절대적으로 낮은 가격으로 형성된 APT는 수요 공급의 법칙에 의해 향후 공급 부족으로 점진적으로 오를 가능성이 높다.

* 수도권 1억 미만 아파트 씨가 마른다

지난 2011년 한 언론에 보도된 내용을 인용하여 보겠다. 2011년 11월 말 기준 서울 수도권 아파트 가운데 1억 원 미만인 아파트는 모두 6만 8,050여 가구로 2010년 11월(7만 5,886가구)보다 7,800여 가구

줄었다. 또한 1억 미만 아파트가 줄어들고 있는 것은 전세난이 심화하면서 전셋값으로 살 수 있는 수도권 소형아파트의 인기가 치솟고 그에 따라 소형 주택 가격이 오른 데 따른 것으로 보도되었다. 실제 그 이후로 소형아파트 값은 계속 올랐고 2016년 3월 현재 1억 원 미만 아파트는 수도권의 경우 거의 찾아보기 어려운 상황에 이르렀다.

＊ 검토대상 APT 群[2]

· 서울 강남권 2억 원 미만 분양평수 20평형 내외(실평수 10평 내외) 오피스텔

　－ 관악구 1억 원 전후 분양평수 12~3평형(실평수 8평 내외) 오피스텔

　－ 관악구 1억 미만(7,000~8,000만 원대) 실평수 6~7평형 오피스텔

· 천안 신방동 초원그린 APT 8천만 원대 17평형

. 세종시 1억 원 미만대 오피스텔

· 경기도 오산시 가수주공 APT 8천만 원~1억 원 미만대 14평형 ~16평형

· 울산 무거동 17,000만 원대 32평형 APT

· 전북 전주시 삼천동 7,000만 원대 15평형 주공 저층 APT

· 제주 서귀포 법환동 삼주 APT 17,000~18,000만 원 20평형

---

2 참고로 언급되는 아파트군의 매매가격은 특히 제주도 등 가격 급등 지역의 경우 지금 이 순간에도 오르는 지역이 있음을 감안하여 참고치로만 활용하길 바란다.

– 민우빌라 17,000만 원대 22평형

숙박 공유서비스의 등장

정부에서 추진 중인 숙박공유서비스의 합법화는 향후 주택가격을 상승시킬 변수로 작용할 가능성이 높다. 먼저 1차적으로 서비스를 허용해줄 부산, 제주, 강원 지역의 조망권이 좋거나 주거 환경이 좋은 대형아파트나 소형아파트 가격을 견인하고 이후 이러한 서비스가 전국적으로 확장 시에 전국적인 주거용 부동산 가격의 상승으로 연결될 가능성이 높다. 숙박공유업이 이미 활성화된 미국의 경우만 하여도 이로 인한 주거용 부동산 가격 상승이 있었다는 내용이 일부 매체를 통해 보도된 바 있다.

*** 정부의 주택시장의 공유경제 합법화 추진**

정부에서 국내 경기활성화의 일환으로 숙박공유서비스에 대해 합법화를 추진하고 있다. 숙박공유업은 지역민이 자신의 집에 남는 방이나 빈집을 염가에 관광객에게 대여해 주는 것을 말하는데 관광객이 현지인의 집에서 생활하면서 문화체험을 할 수 있다는 장점에 따라 새로운 숙박모델로 급부상하고 있다. 하지만 이를 규제할 법적

근거가 모호해 법원은 2015년 9월 숙박공유행위를 불법으로 규정하기도 했다.

기획재정부에 따르면 정부는 '에어비앤비'Airbnb와 같은 숙박공유 서비스를 활성화하기 위해 '숙박공유업' 업태를 신설하고 이를 2016년 6월 국회제출 예정인 '규제프리존 특별법'에 반영하기로 했다. 규제프리존특별법이 통과되면 연간 120일 내에서 주민등록지 주소로 한정하여 숙박공유업이 가능하게 된다. 법 규제에 발목 잡혔던 에어비앤비와 기타 유사서비스를 합법화된 영역으로 끌어들일 수 있게 되는 셈이다.

* 검토대상 APT 群[3]

· 부산 해운대 인근 바다 조망이 우수한 아파트로 가격이 상대적으로 저렴하게 형성된 APT

· 강원도 춘천, 강릉, 속초의 호수, 바다 조망권이 확보된 APT

· 강릉 송정해변 부근 신도브래뉴로얄카운티, 송정해변신도브래뉴 등

---

[3] 참고로 아래는 숙박공유서비스의 활성화와 연계하여 검토 가능한 APT 群으로 충분한 정책적 환경 조성 및 활성화 가시화 시점을 보수적으로 고려하여 매입을 추진할 필요가 있다.

·정선 지역 강 조망이 좋은 APT

·울산 외곽 바다 조망권이 확보된 진하해수욕장 및 정자항 인근
  1억 원 초반대 APT

·남양주 양수리 한강변 조망이 우수한 APT

·전북 전주 한옥마을 접근이 용이한 완산구 APT

·전남 여수시 바다 조망권이 확보된 APT

·전남 순천시 순천만 일대 접근이 용이한 지역의 APT

「1단계」 5년 2배의 법칙의 설계

요즘 모 케이블 방송에서 인기리에 방영되는 '서민갑부'라는 프로그램을 가끔 시청하곤 한다. 자영업을 통해 최소 20억 원 이상의 자산을 모은 서민부자의 인생이 주로 소개된다. 각 분야에서 성실한 노력으로 노하우를 쌓으며 만들어낸 서민갑부들의 삶은 샐러리맨들에게는 부러움의 대상이며 꿈같이만 느껴진다. 평범한 샐러리맨에게 서민갑부는 영원한 꿈일 뿐인가? 필자는 그렇지 않다고 본다. 평범한 샐러리맨들도 출발시점에 따라 다소 다를 수 있지만(자신만의 목표를 세우고 실천한다면) 10~20억 원 자산 만들기는 충분히 가능하다.

아이들이 어렸을 적에 서울 도봉구 창동의 D APT에 거주한 적이 있다. 옆집에 사시는 분은 1988년 당시 약 3,500만 원에 아파트를 분양 받아 현재까지 살고 있다. 궁금해서 2005년 10월 거래가를 보니 3억 7,000만 원 정도에 형성되어 있다. 26년 된 아파트가 서울 타 지역 대비 매매가가 많이 오르지 않은 지역임에도 10배 이상 올라 있다.

최근 서울에서 새로운 출발을 시작하는 신혼부부의 경우 최소 2억~3억 원대의 전셋집을 마련하여 출발을 한다. 전셋값을 줄이고 1억 정도를 투자용으로 돌려 소형아파트 2채를 매입하고 4~5년 뒤 또 다른 저평가된 물건으로 투자처를 변경하는 방식으로 살아간다면 5년 주기 2배의 투자 수익이 충분히 가능하다고 본다. 그뿐만 아니라 이러한 투자 패턴을 꾸준히 유지한다면 당연히 20년 후 20억 원의 자산을 어렵지 않게 만들어 낼 수 있다.

짧은 시간에 고수익을 만들겠다는 욕심을 버리고 특히 초기 5년만 고생한다면 노후에 필요한 정도의 금액은 충분히 마련이 가능할 것이다. 일정한 자산이 축적되면 덤으로 따라붙는 인생의 자신감은 금전적 수확 못지않게 귀중한 노획물이 될 것이다.

1) 5년 2배를 위한 설계의 기초

* 5년 2배의 이론

내수경기 부양을 위한 부동산 가격의 상승은 필수가 되고 있다. 즉 과하지만 않다면 일정한 주기의 부동산 상승은 정부나 재계의(관련 업계 종사자 포함) 관심 사항이 되어 버렸다. 도시·국가 비교 통계 사이트 넘베오의 '부동산 가격 지수 2016'에 따르면 세계 102개국 가운데 연봉을 10년 이상 모아야 집 한 채를 살 수 있는 국가의 수는 59곳이었다. 집값 상승 폭도 가장 크고 주거비 부담도 큰 홍콩의 경우 가구 가처분 소득 대비 집값 배율이 37.57에 달했다. 중국은 소득 대비 주택가격 비율이 24.98로 6번째로 집값 부담이 큰 국가로 꼽혔고 싱가포르는 9위(23.17), 일본이 13위(20.17)이었으며 한국은 32위(14.87)이다.

우리나라는 소득 대비 주택가격 비율이 크게 높지 않은 상황인 만큼 5년 주기의 주기적인 상승 내지 저평가된 부문 중심의 지속적인 가격상승이 충분히 기대된다. 5년마다 치러지는 대선이며 4년마다 치러지는 총선의 정치권 공약의 핵심에 경제 활성화가 반드시 자리함에 따라 그 이면에 부동산 활성화 대책을 필연적으로 담고 있을 수밖에 없다.

2016년 3월 말 새누리당은 강봉균 전 재정경제부 장관을 선대본부장으로 영입하고 새누리당 4월 총선 전반에 대한 정책 등을 총괄

하게 한다. 새로 영입된 강 선대본부장은 주택담보대출 완화를 포함한 양적완화를 기본으로 한 거시경제정책을 통해 3% 이상 성장을 유지하겠다는 정책을 제시하는데 다음은 2016년 3월 머니투데이에 보도된 관련 기사이다.

새누리당이 20대 총선 공약으로 양적완화를 바탕으로 한 적극적 통화정책을 선언했다. 금리인하가 사실상 한계에 다다른 상황에서 과감한 금융정책을 통해 직접적인 경기부양에 나선다는 거다. 이를 위해 주택담보대출 상환기간은 다시 20년으로 늘리기로 했다. SOC(사회간접자본), 대학R&D(연구개발) 사업은 지속적으로 확대한다. 성장촉진형 세수감면은 적극 확대하기로 했다. 당은 "중앙은행이 기준금리정책에만 매달릴 것이 아니라 시중자금이 막혀있는 곳에 통화가 공급될 수 있도록 통화정책을 운영할 필요가 있다."고 지적했다.

중앙은행을 적극 활용해 일단 막힌 돈맥을 푼다. 한국은행이 주택담보대출증권을 직접 인수해 가계의 주택담보대출 상환기간을 20년 장기분할상환제도로 전환시키기로 했다. 정부 정책으로 올 들어 상환조건이 크게 까다로워진 주택담보대출을 다시 완화시키겠다는 것이다.

5년 2배를 위한 산술적인 계산을 하여보자. 최근 경제성장률을 3%로 계산하고 1.03%의 꾸준한 성장을 보인다면 5년 누계가 약 15%에 달하게 된다. 3억 원 가치의 부동산이 15% 가격 상승 시 그 금액은 약 4천 5백만 원이다. 전세가가 높은 지역을 잘 선별할 경우 3억 원 부동산은 2억 5천만 원 전세를 끼고 5천만 원만 투자하면 매입이 가능하다. 그리고 인구증가가 지속되거나 지역 경제 활성화가 예상되는 지역이라면 5년 후 5천만 원 정도 매매가 상승이 가능한 지역은 충분히 많다.

* 투자는 빠르면 빠를수록 좋다

주거용 부동산 투자는 숙성이 필요하다. 따라서 당연한 얘기지만 남들보다 앞서 준비하면 할수록 빠른 성과를 기대할 수 있다. 특히 부부가 새롭게 가정을 꾸리는 신혼부부의 경우 소비패턴이 만들어지기 직전인 신혼 시작단계에서부터 즉시 시행하라고 권유하고 싶다. '미래를 준비하는 소비 패턴으로 살 것인가? 아니면 미래 준비를 뒤로 미루는 소비패턴으로 살 것인가?' 인간의 수명이 점점 늘어나는 요즘 그 선택은 명약관화하다.

* 초기투자비 3~5천만 원

3~5천만 원만 있으면 단독투자가 가능하다. 투자금이 다소 부족하

면 형제/자매 등 신뢰관계가 두터운 사람끼리라도 확실한 계약서를 작성하고 공동투자를 고려해 볼 수도 있다. 돈이 없어 투자를 미룬다는 사람들은 진짜 직업이 없는 경우가 아니라면 변명에 불과하다.

* 초기 5년은 감내할 각오를

투자 성과에 마음을 졸이는 초기 5년이 지나면 원금 까먹는 리스크에 대한 부담감이 해소되어 보다 편안한 마음을 가지고 투자할 수 있다. 즉 초기 5년이 지나면 심리적인 안정감마저 보태져 무리한 욕심만 부리지 않는다면 꾸준한 수익 창출을 이루기가 훨씬 쉬워진다.

2) 2배 수익을 위한 투자 검토지역의 선정

특정지역을 선정하기 위해서는 먼저 투자이유를 명확히 명기하고 접근할 필요가 있다. 다음의 경우는 필자의 경험으로 '내가 만일 투자한다면'이라는 가정하에 검토지역 및 이유를 나열해 보았다. 검토지역을 선정하고 그 이유를 나열해 보는 것만으로도 투자 리스크가 충분히 반감되는 효과가 있다.

· **서울 강남권**: 2015년 높은 가격 상승률을 보였음에도 오피스텔군은 상대적으로 가격 상승에서 소외된 곳이 많다. 특히 강남권 내에서 지하철 접근성이 떨어지는 지역 중심으로 검토할 필요가 있다.

앞에서도 언급하였지만 최근에 발표된 영동대로 지하공간 통합
개발 등 대규모 강남권 개발과 지속적인 재건축 완화책 등으로 2016
년 하반기부터 서울 강남권 중심의 차별화된 가격 상승이 본격적으
로 이뤄질 가능성이 높다. 이에 따라 이들 지역 및 인근 지역의 저평
가된 물건에 대해 관심을 기울일 필요가 있다.

· **서울 관악구:** 개발 및 비즈니스 중심지역으로 재부각되는 서울
강남지역 접근성이 우수함에도 현재 크게 주목받지 못하고 있다. 강
남 접근성을 고려 시 상대적인 저평가 지역으로 향후 상승 가능성이
높다. 특히 2호선 라인의 1억 5천만 원 미만 오피스텔군에 대하여
검토해 볼 가치가 충분하다. 오랫동안 가격 상승에서 소외되었던 오
피스텔 중에서 주거용에 적합한 물건 등을 중심으로 상대적 저평가
를 이유로 상승할 가능성이 높다.

· **세종시:** 우리나라 행정중심도시로 최근 우수학교 유치 등을 통
해 충청권 인구 유입이 가속화되고 있다. 계획도시로서 갖는 쾌적한
주거환경 외에 교육 프리미엄으로 인하여 꾸준한 가격 상승이 예상
된다. 도심권 확대가 예상됨에 따라 현재 외곽지역을 선점하는 것도
괜찮은 방법이라 판단된다.

·**제주시:** 최근 1~2년 새 높은 성장을 이루었지만 상대적으로 덜 오른 제주시 외곽 연립주택 단지와 서귀포지역 중대형 연립주택 단지는 저평가 수준으로 이에 대한 관심을 가질 필요가 있다.

·**오산시:** 최근 수도권에서 많은 상승률을 보이고 있는 수원과 평택 사이 지역으로 양쪽 지역으로 접근이 용이하면서 역세권으로 인프라가 갖춰진 오산역 인근 중·저층 주공아파트군은 검토해 볼 만한 가치가 충분하다.

·**울산시:** 1억 넘는 연봉자 비율이 8% 이상으로 전국 최고 수준을 보여주고 있음에도 최대 중심지인 삼산동, 달동 지역은 33평 아파트의 경우 2억대 후반, 24평의 경우 2억대 초반에 형성된 곳이 많다. 중심지역 기존 아파트들이 상대적으로 입지가 떨어지는 신규아파트 가격대비 제한된 가격상승을 보여주고 있어 인프라 및 주민 소득 등을 종합하여 볼 때 저평가되어 있다. 달동, 삼산동 지역의 도시 중심권 아파트들 중에서 전세가가 매매가를 꾸준히 밀어 올리는 중소형아파트에 대해 관심을 가질 필요가 있다.

·**평택/서산/당진시:** 서해안 수출입 물류의 중심으로 그 역할이 더더욱 커지고 있는 평택을 중심으로 서산, 당진 지역에까지 기업 생

산공장이 확대되고 있다. 이들 지역은 불황임에도 인구유입이 꾸준하게 이뤄지고 있는 만큼 저평가된 아파트군에 대한 지속적인 관심이 필요하다. 이들 지역은 현 경기상황을 고려 시 급속한 성장은 기대하기가 쉽지 않은 만큼 기존 중심부의 저평가된 물건을 중심으로 관심을 기울일 필요가 있다.

최근 연합통신 보도에 의하면 또한 경기도 평택시 평택/당진항과 평택호 인근 황해경제자유구역 현덕지구에 232만m²(약 70만 평) 규모의 중국인 친화 도시가 건설된다는 보도가 발표되었다. 단기간에 가시화가 쉽지는 않겠지만 평택시를 중심으로 생산 시설이 증가하는 상황하에서 국제도시까지 개발된다면 당연히 꾸준한 부동산 가치 상승이 기대될 수 있는 지역이라 할 수 있다.

·**군포**(산본)**시**: 1기 수도권 신도시로 그 개발 초기만 하여도 분당, 일산 등과 함께 각광을 받기도 했지만 지금은 다소 명성이 쇠퇴한 상황이다. 산본은 20평형 미만의 아파트가 밀집하여 오랫동안 가격 상승에서 소외되었던 곳이다. 이곳은 2016년 초 기준 수도권에서 매매가 대비 전세가 1위로 높은 지역답게 꾸준하게 전세가가 매매가를 밀어 올리는 아파트가 다수 존재한다.

·**강릉/여수/속초/부산/전주/순천**: 주거시설의 숙박공유 허용 법제

화에 따라 2016년 하반기부터 관광지 인근 조망권이나 접근성이 용이한 아파트군을 중심으로 기존 가치에 수익창출 가치까지 더해져 가격 상승이 예상된다.

3) 2배 수익을 위한 투자물건 찾기

한 번 투자를 하면 5년 정도의 숙성 기간이 필요하다. 또한 기다림은 믿음을 전제로 한다. 이러한 믿음을 위해서 관련사항에 대한 철저한 학습과 현장 확인을 통한 자기 확신의 과정은 투자의 기본이다.

* '수요를 우선 고려한 투자 결정'은 필수

최근 한 언론에 '2016년 유망부동산 키워드: 신도시, 역세권, 대단지'라는 제목으로 관련기사가 언급된 적이 있다. 지하철역을 끼고 대형 복합 상업시설과 오피스텔·아파트가 함께 들어서는 복합단지가 인기몰이를 하고 있다는 내용이다. 2000년대 초반 서울지하철 5호선 오목교역과 연결된 곳에 현대백화점과 함께 들어선 고급 주상복합 아파트·오피스텔 '목동 하이페리온', 서울지하철 2·7호선 건대입구역과 접한 곳에 롯데백화점, 이마트와 함께 조성된 주상복합 단지 '스타시티' 등이 성공적으로 자리 잡은 이후 주요 신도시 역세권에 꾸준히 대형 주거복합단지가 조성되고 있다는 것이다. 신도시에 조성되는 복합단지는 서울 강남이나 강북 업무지역으로 출퇴근하기 좋은 데다 단지 안에서 쇼핑, 취미생활 등을 한꺼번에 해결할 수 있어 실수요자들이 몰리고 있다는 내용 또한 담고 있다.

대부분 맞는 내용이다. 쾌적한 환경이며 높은 편의성은 도심에 살면서 누구나 꿈꾸는 주거환경이기 때문이다. 모델하우스에 가보면 바로 계약서에 도장을 찍고 싶을 만큼 유혹이 생기기에 충분하다. 하지만 공급 이후 수요 상황에 대한 면밀한 검토가 선행되어야 한다. 세입자의 입장에서 높은 전세나 월세를 지불하고 살 만한 지역인지, 주변에 직장이 충분하여 해당 시설 완공 이후에도 충분한 인구가 몰릴 수 있는 환경인지 등에 대한 냉정한 판단이 수반되어야 한다. 검토가 충분히 이뤄지지 않은 상태에서 무턱대고 매수했다가는 오랫동안 돈이 부동산에 묶여 있을 수 있다. 한두 번의 판단 실수가 인생 내내 자신을 괴롭힐 수도 있음을 기억하자.

* 알려진 호재 내에서 기회 찾기

현대자동차그룹의 글로벌 비즈니스센터GBC 개발계획이 2016년 초 확정되어 발표되었다. 매일경제 등 국내언론에 따르면 옛 한전부지를 글로벌 비즈니스의 중심지이자 문화·지리적 랜드마크로 조성하겠다는 포부가 담겼다.

GBC는 업무공간 외에 서울시의 문화적 랜드마크 역할을 톡톡히 할 예정이다. 독립된 건물에 위치하는 공연장은 역동적 공연에 최적화된 약 1,800석 규모의 대극장과 클래식 전용인 약 600석 규모 챔버홀을 갖추게 된다. 또 일부 전시시설에는 단순히 눈으로 보는 데 그치지 않고, 방문객들이 직접 체험할 수 있는 다양한 콘텐츠도 선보인다. 지리적으로도 서울의 교통 허브 역할을 할 것으로 보인다.

GBC는 향후 수도권 광역 교통 허브가 될 영동대로와 국제교류복합지구를 가로지르는 공공보행통로가 교차하는 지점에 놓이게 되기 때문이다. GTX A노선(동탄~삼성, 삼성~킨텍스), GTX C노선(금정~의정부), KTX동북부연장선(수서~의정부), 남부GTX선(부천 당아래~잠실), 도시철도 위례~신사선 등 향후 수도권 철도망의 핵심이 될 다수 노선이 영동대로 지하를 통과하게 됨에 따라 서울시는 2021년 전후 완공을 목표로 영동대로에 복합환승센터를 설치할 계획이다. GBC는 시민과 방문객의 다양한 기대와 수요를 충족시키는 국제교류복합지구 내 교통 및 이동의 중심에 위치함에 따라 서울·강남 지역을 넘어 서울의 상징적 랜드마크로 자리매김할 것이다.

이러한 호재에도 불구하고 삼성동 인근 부동산이 아직까지 타 지역에 대비하여 급격한 상승을 보이지는 않고 있다. 누구도 부정할 수 없는 삼성동 대세 시대 그 가격상승은 3~4년 이내에 반드시 가시화된다. 2016년 하반기 KTX가 들어오는 수서역 인근 아파트 가격이 개통 1년 전인 2015년 하반기에 1억 가까운 상승률을 보이며 타 지역 대비 높은 가격 상승률을 보여 주었음을 기억할 필요가 있다.

* 전세거래가 활발한 곳에 대한 고려

2016년 상반기 아파트 전세 동향과 관련한 핵심사항을 꼽아 보라고 한다면 '전세 물건 감소'와 '수도권 전셋값 상승' 등으로 요약해 볼 수 있다. 수도권 아파트 전셋값이 2012년 4월 이후 2015년 말까지 40개월 연속 상승세를 유지하였다. 전셋값이 오르면서 아파트 매매가 대비 전세가 비율(이하 전세가율)도 꾸준히 올라 서울은 2015년 말 사상 처음으로 전세가율이 70%를 돌파했다.

수요와 공급 측면으로만 볼 때 어떤 물건의 공급이 줄며 가격이 오르는 것이 지속될 것으로 예상된다면 이는 당연히 투자하여야 할 대상이다. 이와 관련하여 늘어난 '갭투자'도 주목할 만한 내용이다. 갭투자란 아파트 매매가와 전세가 차이gap가 최저치로 줄어든 상황에서 전세가율이 높은 지역 급매물을 매입 후 기존 전셋값보다 높게 임대해 투자자금 회수는 물론 시세차익을 추구하는 것을 말한다. 다소 부정적인 내용으로 느껴지는 것이 사실이지만 '수요와 공급', '저평가 여부' 등 확실한 분석만 수반된다면 과감히 실행에 옮길 필요가 있다. 반드시 누군가에게 그 수혜가 돌아갈 것이기 때문이다. 개인적인 견해로 투기적인 요소가 아닌 자신의 소신으로 판단하여 투자하고 그에 따른 리스크에 대비/수용할 자세가 준비 되었다면 문제가 없다고 판단된다.

2016년 3월 업계 자료에 따르면 수도권 자치구 가운데 전세가율이 가장 높은 곳은 군포시(84.2%)다. 이어 ▲성북구(83.1%) ▲의왕시(82.4%) ▲안양시(81.3%) ▲동대문구(80.3%) ▲관악구(80.2%) ▲동작구(79.9%) ▲구로구(79.7%) ▲고양시(79.4%) ▲부평구(79.4%) 순이다.

군포시는 실수요가 선호하는 중소형아파트 비중이 높고 산본신도시가 있어 편의시설 등 기반 여건이 좋다. 지하철 1호선과 4호선이 지나고 있어 수도권 이동도 수월하다. 성북구도 길음뉴타운이 조성돼 있어 주거환경이 괜찮고 지하철 4호선과 6호선을 이용하면 도심 출퇴근이 편리한 장점이 있다. 2015년 '갭투자'가 활발했던 군포시와 성북구 등 전세 비중이 절대적으로 높은 지역에 대하여 색안경만 끼고 바라볼 것만은 아니다. 이들 지역은 불황인 상황에도 전세가가 매매가를 밀어 올려 꾸준한 수익을 가져다 줄 유망지역이기 때문이다.

＊ 신속한 판단을 위한 Parameter의 설정

앞에서도 언급되었지만 전국적으로 주거용 부동산 임대유형이 전세보다는 월세거래로 큰 흐름이 바뀌고 있다. 거래되는 월세를 기준으로 매도/매수를 하게 되면 리스크를 충분히 회피할 수 있다. 필자의 경우만 하여도 2015년 초 이 같은 분석(즉 매수 시 관련 인터넷 정보

나 국토교통부 실거래 사이트 등을 통하여 전월세 가격 동향을 충분히 참고)을 기본
으로 가격 상승 시 빠른 판단을 함으로써 충분한 수익을 거두었다.
누구나 잘 알고 있는 이야기지만 가격 상승 시에는 빠른 결정 하나
가 수천만 원의 수익 차이를 가져다주는 경우가 허다하다.

* 항상 기억해도 부족함이 없는 희소성의 원칙

필자의 경우 물건을 찾을 때 항상 고려하는 것 중의 하나가 바로
상대적인 희소성이다. 평형이나 위치 등의 희소성을 가지고 있느냐
는 것이다. 물론 여기서 희소성이란 조건 없는 무조건적인 희소성이
아니라 강점의 희소성 유무이다. 상계동/중계동 지역에 투자를 할
때에도 5층의 저층 물건이면서 최소 18평형을 유지하여 재건축 대
상임에도 전세가가 높이 형성되는 물건을 매수하였고, 앞에서 언급
한 울산 삼산동의 24평형 매입 시에도 태화강 전망이 확보되는 물건
을 우선 매입하였다. 희소성을 고려한 투자는 전세거래 및 매매거래
가 용이하여 상대적으로 관리가 쉽고 가격 상승 시에는 상승폭도 상
대적으로 커 안전한 투자를 보장하여 주는 보증수표와 같다. 이처럼
특정 지역 투자를 검토 시에는 소위 지역부동산 내에서 귀한 매물로
통하는 평형이나 위치를 반드시 파악하여야 한다. 흔히 인터넷이나
관련 정보에 '귀한 ○○평형 물건'이라 불리는 물건의 경우 대개는
희소성 있는 물건이라 판단하여도 무방하다. 이런 희소성을 가진 물

건은 상대적으로 매매든 전월세든 다소 높은 가격에 형성되어 있음을 어렵지 않게 확인할 수 있다.

〈희소성 있는 강남권 10평대 아파트의 사례〉

지난 2월 서울 송파구 잠실동 리센츠 전용 27m² 28층은 5억 2,250만 원에 거래되었다. 1년 전과 비교하면 약 1억, 30% 정도나 오른 것이다. 비슷한 기간 이 아파트 전용 10억 원대 84m² 매매가격이 약 5,000만 원 오른 것과 비교하면 6배 더 높은 상승률이다. 2005년 초기 분양가가 2억 정도에 이뤄진 걸 감안하면 약 10년 만에 250% 가격이 상승하여 결과론적이긴 하지만 이만한 투자처가 없다.

젊은 층 노년층 할 것 없이 1·2인 가구가 꾸준히 늘고 있어 이에 따른 소형아파트 선호도는 지속적으로 늘고 있다. 그럼에도 불구하고 강남권 소형아파트 공급의 정체가 만들어낸 희소성은 이처럼 놀라운 결과를 만들어 내고 있다.

* 소외되어온 오피스텔에 대한 관심 갖기

오피스텔은 아파트와 비교해서 베란다가 없고 바닥 난방이 허용되지 않으며 매입 시 취득세가 4.6%로 1.1%대에 불과한 아파트와 그 차이가 있다.. 부동산 114에 따르면 2015년 말 서울 오피스텔 평균 수익률은 5.3%다. 수익률이 떨어지고 있지만 예금 금리의 3배가 넘는다. 한국은행에 따르면 2015년 말 시중은행 예금금리는 연 1.64%다. 보유 주택에 포함되지 않아 여러 실을 사도 다주택에 해당되지 않는다. 자금 부담이 크지 않다는 것도 매력이다. 실투자금이 1억 원 미만을 넘지 않는 경우가 많다. 수도권에선 4,000만~6,000만 원이 있으면 대출을 받아 오피스텔을 살 수 있다. 단, 임대가 목적인 상품이라 시세차익을 얻기는 쉽지 않다는 게 일반적인 통념이다. 그렇다고 해도 수익률이며 투자 금액 등만을 고려하여도 매력적인 조건이 갖춰져 있다. 하지만 가장 큰 매력은 최근 높은 상승을 보인 도심지 아파트 대비 상대적으로 가격 상승률이 낮아 향후 가격 상승이 예상된다는 것이다.

최근 1~2년까지만 해도 투자 대상에서 제외되어 왔던 도심지 연립, 다세대 가격이 1인 가구의 증가 및 상대적 저평가로 인하여 최근 꾸준한 가격 상승을 하였다. 이제는 도심지 오피스텔이 그 상대적 저평가로 인하여 상승세에 동참할 차례이다.

부동산에서 절대적으로 매력적인 상품이란 흔치 않다. 상대적으로 저평가된 물건이 '지금 무엇인가?'만이 필자의 관심 사항이다. 서울 강남의 경우만 하여도 주상복합 아파트와 오피스텔이 공존하는 건물에서 같은 평형인데도 오피스텔이라는 이유로 10% 이상 가격 차이가 나는 곳이 제법 있다. 이런 식으로 산정된 오피스텔 가격이 현재의 보편적인 추세이다. 향후 도심지 소형평형에 대한 수요 증가가 지속되는 추세를 감안 시 상대적으로 희소성이 있는 복층형, 대형건설사 브랜드, 강남지역 또는 강남 접근성이 우수한 지역의 오피스텔과 대학가, 대학병원 인접지역, 초역세권 지역 물건 등에 대한 투자에 관심을 기울여야 하는 이유이다.

「2단계」 1년 2배의 법칙 이야기

앞에서 정리한 5년 두 배의 법칙은 꾸준한 투자를 하다 5년 후 뒤를 돌아보니 두 배가 되어 있어 이를 정리한 내용이 주를 이룬다. 마찬가지로 지금 서술하는 1년 2배의 법칙 이야기도 투자를 하다가 뒤를 돌아보니 이미 2배가 되어있는 최근의 사례를 정리한 내용이다.

1) 꾸준한 관심 속에 기회는 온다

***가격상승 움직임의 포착**

짧은 기간의 고수익 확보를 위해서는 투자지역이 이런저런 이유로 매매가 상승 이유가 명확한 상황하에서 상승 움직임이 가시화되는 상승 초기에 매수하여야 한다. 2014년 중/하반기부터 서울지역이 재건축을 중심으로 일부 가격 상승이 이뤄지고 평범한 주변 사람들의 대화 주제에 부동산에 대한 내용이 포함되는 것을 감지하면서 지난 5년간 지방 중심으로 활발했던 거래가 이제는 서울권으로 이동할 것 같은 예감이 들었다. 하지만 불황의 시기임을 고려, 큰 욕심을 버리고 평소 투자 패턴대로 (투자 1건당 투자비가 많이 소요되는 재건축 투자 대신) 경기변동에 따른 리스크 부담이 작은 강남권 3~4억 원대 주상복합 아파트를 전세 끼고 매입하는 것으로 매수 계획을 정하였다.

* 투자금액의 준비

투자 시기라고 판단하였기 때문에 일부 대출까지 포함해서 최대한 빨리 소요 금액을 준비하였다. 물건을 알아보다 좋은 물건을 놓치고 나면 본전 생각에 투자계획 자체가 망쳐질 수도 있기 때문이다. 당연한 얘기지만 좋은 물건은 사람을 기다리지 않는다.

* 평소 잘 아는 곳을 중심으로 알아보기

예전에 두 채를 매입하였다가 4년 두 배의 수익을 올린 선릉역 주변이 가장 먼저 떠올랐다. 2014년 하반기 현대차그룹의 삼성동 한전부지 낙찰 이후로 향후 가장 큰 발전성이 기대되는 지역이었기 때문이기도 하였고 개인적으로 선릉역 인근의 잘 정돈된 주거 인프라가 맘에 들어 꾸준한 관심을 가지고 있던 지역이기도 하였기 때문이다. 그러던 중 운 좋게 꾸준히 모니터링 하고 있던 아파트가 생각보다 높은 가격에 실거래가 되는 것을 발견하고 (가격상승을 예감하며) 매입 물건을 결정한다.

첫 번째 매수 물건의 경우 평소 매입하고자 하던 지역 인근에서 어렵지 않게 발견하였다. 주말에만 시간을 낼 수 있었음에도 평소 잘 아는 곳이다 보니 두 번째 물건도 어렵지 않게 만나게 된다. 당연히 구매의 주요 원칙인 희소성 원칙에 입각하여 기존에 매입하였던 원룸형보다는 투룸, 쓰리룸을 매수하였다. 이 외에도 우수한 주변 환경에 가점을 반영하며 매입 물건을 결정하였는데 약 1년이 지난 지금 좋은 결과를 보여주고 있다.

* 빠른 개발속도의 수혜를 받다

1년 2배의 수익을 위해서는 당연한 얘기지만 운도 따라야 한다. 서민의 놀이문화가 된 고스톱 시 '운칠기삼'이란 용어를 쓰곤 하는데 1년 2배의 경우는 5년 2배를 기준으로 투자했다가 운 70%의 덕으로 예상보다 빠른 기간에 수익이 발생한 경우이다. 우선 소형이 상대적으로 가격 상승이 많이 되고 있는 시류의 영향 덕을 보았고 다음은 삼성역 인근의 개발 계획에 대한(내수부양 차원인지는 모르지만 관련기관을 중심으로 한) 빠른 진행 속도의 혜택을 받았다.

프랑스, 영국, 독일 등의 사례를 보면 1990년 전후 생산가능 인구가 감소해도 주택 가격은 올랐다. 특히 우리나라는 구매력의 원천이 부동산 가격과 밀접한 상황하에서 수요와 공급의 법칙 등 자연의 원리에 입각하여 매입한 부동산이라면 충분히 가치에 대한 믿음을 가지고 기다릴 필요가 있다. 물론 개인적인 경험과 소신이지만 가치에 대한 믿음은 골동품이나 여타 재화와 마찬가지로 그 가치 향상으로 보답하곤 한다.

2) 5년 2배의 과정을 거쳐야

일정한 수익을 올리기 위해서는 소위 배팅은 불가피하다. 부동산도 예외는 아니다. 국내외 불황의 시대 조금씩 불려온 자산 축적의 결과만이 리스크를 감수한 투자에 대해 평정심을 가져다줄 수 있다. 5년 2배의 법칙에 입각한 기본투자를 꾸준히 하다 보면 운이 따르는 어느 해 투자한 지 1년 만에 2배 가격상승의 기운이 느껴지는 때가 있다.

3) 투자물건 찾기

* 서울 강남권

다음은 2016년 5월 12일 매일경제의 서울 강남권 부동산 관련 보도기사이다.

"시장에 나왔던 매물이 다 들어가서 거래가 뚝 끊겼습니다."
강남 삼성동 영동대로 인근 부동산중개업소들이 극심한 매매
가뭄에 시달리고 있다.

11일 부동산업계에 따르면 최근 서울시가 강남 영동대로 지
하도시 건설 등 개발 계획을 잇달아 발표하면서 삼성동, 청담
동, 대치동 일대 부동산 매물이 시장에서 자취를 감췄다. 아파
트, 상가·다가구 건물 등을 찾는 투자 수요자들의 문의는 많
아졌지만 기존 소유주들이 매물을 모두 거둬들였기 때문이다.
현대차 글로벌비즈니스센터GBC가 들어서고 영동대로 밑으로
잠실야구장 30배 크기의 지하상권이 형성될 때까지 보유하고
있으면 가격이 오르지 않겠냐는 기대심리가 소유주들 사이에
이미 팽배한 상태다.

GBC 주변 상업지대 땅값은 3.3m^2에 1억 5,000만 원에서 2억
원까지 하지만 매물이 없어 '부르는 게 값'일 정도다. 청담 삼
익은 전용면적 104m^2가 14억 원에 매물로 나왔다. 지난달 매
일경제가 코엑스~종합운동장 일대 종합개발 계획을 보도하기
전만 해도 13억 5,000만 원 수준이었는데 한 달도 안 돼 무려
5,000만 원이 뛴 것이다. 인근 부동산중개업소에선 "문의는 많

지만 실제 사려는 사람은 없다.”고 잘라 말했다. 반면 다른 중개업소에선 “당장 거래가 쉽지 않은 가격이지만 팔리긴 팔릴 것”이라고 예상했다.

인근 청담 홍실아파트도 사정은 마찬가지다. 청담 삼익에 비해 재건축 진행 속도가 1년 정도 뒤져 있지만 일부 한강 조망권 단지들이 이번 서울시의 탄천 개발 수혜지로 부각되면서 가격이 급등했다. 올해 초 정부의 주택담보 대출규제 강화와 함께 잠시 주춤하던 강남 부동산 시장이 개포동 재건축 바람과 영동대로 지하도시 개발 발표를 타고 다시 살아났다는 게 업계 관계자들의 설명이다.

경기고와 봉은중학교 인근에는 1종 주거 단독주택 용지들이 있다. 시세는 3.3m²당 3,500만 원에서 4,500만 원이지만 역시 매물이 없다. 남쪽 대치동으로 넘어가 휘문고 인근 빌라촌도 가격이 들썩였다. 오래된 빌라는 건물 가격은 치지 않고 땅 가격만 산정한다. 6~8m 도로를 낀 2종 주거지에 위치한 건물의 시세는 3.3m²에 4,000만~4,500만 원 수준으로 월세 수입만으론 수익성이 나오는 매물을 찾기가 어렵다. 하지만 단기 급등에 따른 우려로 아직까지는 ‘좀 더 지켜보자’는 관망세가 우위다. 불과 2~3년 전만 해도 전용면적 104m²의 청담 삼익아파트 가격은 9억~9억 5,000만 원 수준이었다. 단기간에 4억~4억 5,000만 원이 급등한 것이다.

서울 강남4구+성동구+광진구: 최근에 발표된 영동대로 지하공간 통합개발 등 대규모 강남권 개발과 지속적인 재건축 완화책 등으로 2016년 하반기 초부터 서울 강남권 중심의 차별화된 가격 상승이 본격적으로 이뤄질 가능성이 높다. 이에 따라 우선 강남구, 서초구 지역의 오피스텔 등 저평가된 물건과 송파, 강동, 성동, 광진 등의 오피스텔, 빌라, 나홀로아파트군에 대한 관심을 가질 필요가 있다. 강남구를 중심으로 선별적인 가격 상승이 이뤄질 경우 인접의 나머지 지역은 상대적으로 저평가 상태가 될 수 있기 때문이다.

참고로 오피스텔은 매도시를 고려하여 가급적 주거용, 복층형, 한강변 조망권 확보 등 분명한 장점을 가진 물건을 중심으로 매입을 고려할 필요가 있다.

* 제주도

다음은 2016년 5월 13일 뉴시스에서 보도한 제주도 부동산 관련 보도기사 내용이다.

고공행진하던 제주 부동산 가격이 올해 들어 주춤하기 시작했다. 일각에선 올해부터 본격적인 '숨고르기'에 들어가는 것 아니냐는 전망이 나오고 있다. 가파르게 오르던 제주 아파트 매매가는 올해부터 둔화하기 시작했다. 올 1~3월까지 오름폭이 줄더니 4월에는 보합했다. 지난달 28일에는 약 1년 9개월 만에 매매가가 소폭 하락하기도 했다. 그동안 유커 등 국내외 관광객이 증가하고 제2공항 등 각종 개발호재가 겹치면서 제주에는 부동산 수요가 꾸준히 이어졌다. 또한 '제주도 한 달 살기' 트렌드 등에 힘입어 해마다 매년 약 60만 명씩 인구가 유입되어 주택 수요도 증가했다.

제주는 한라산과 해안 지역 등 상당수가 개발규제로 묶여 물량은 부족한 편이다. 수요 대비 물량 부족으로 제주 부동산 가격은 최근 단기간에 급격히 올랐다. 가파른 가격 상승의 피로감에 올해부터 부동산 가격이 조정 국면에 접어든 것으로 분석된다. 특히 높은 가격에 부담을 느낀 제주 주민들의 수요가 위축된 것이 주요한 요인으로 지적된다.

하지만 잠시 '주춤'하는 수준일 뿐 중·장기적으로는 다시 오름세를 이어갈 것으로 전문가들은 내다봤다. 제주 제2공항과 신화역사공원, 예례휴양단지 등 각종 개발사업과 해군기지 완공 등 개발호재가 여전히 남아있기 때문이다. 또한 이미 세계적인 관광지로 자리 잡은 만큼 관광객의 발길은 계속 이어지면서 관광개발 투자수요는 계속될 것으로 보인다. 관광산업의 특성상 경기나 천재지변 등 돌발변수의 영향을 받겠지만 이 또한 일시적인 수준에 그칠 것으로 예상된다.

하지만 갑작스런 외부 충격에 가격이 하락할 수도 있다. 중국 투자수요가 가격의 상당부분을 끌어올린 만큼 중국 경기침체에 영향을 받을 수 있다. 중국이 해외투자를 규제하는 등의 중국 내 변수도 배제할 수 없다. 또한 국내 경기가 위축되면 제주 관광객의 다수를 차지하는 국내 관광수요도 줄어들 수 있다.

·**제주시:** 삶의 질 향상에 대한 관심도가 높아지는 상황에서 중국인들의 방문 급증 등과 맞물려 제주의 부동산이 최근 1~2년 새 높은 성장을 이루었으며 이러한 추세는 당분간 지속될 것으로 판단된다. 향후 숙박공유 활성화 시 최대 수혜가 예상되는 제주도의 주거시설은 가격 향상 여력이 충분하다고 판단된다. 서울의 아파트 가격 상승 이후 빌라, 다세대 등이 상승하였던 것을 고려 시 2016년 상반기

현재 상대적으로 저평가된 중대형 연립주택 단지의 20평형~30평형 매물에 대한 관심을 가질 필요가 있다.

·**세종시**: 우리나라의 백년대계를 설계하고 거둬들인 세금의 쓰임새를 결정하는 행정관료들의 주거 도시 '세종' 사는 곳이 노후의 신분을 대변하는 지금 지방의 혁신도시 수준의 '세종'의 집값은 최소 평촌 수준까지는 상승 가능할 것으로 판단된다. 행정도시가 갖는 고유의 쾌적한 주거환경 외에 교육 프리미엄으로 인하여 꾸준한 가격 상승이 예상되는 세종시는 도심권 확대가 예상됨에 따라 외곽지역 선점 전략과 상대적으로 임대 수익률이 좋은 1억 원 미만 소형 오피스텔 급매물에 관심을 가질 필요가 있다.

기회를 놓치고 있는 주변사람들 이야기

* 집 한 채만 가지고 있는 사람

A씨는 서울 목동의 주상복합 APT 70평형을 약 20년 전 7억 원 후반대에 분양 받아 7~8억 원대의 차익을 거둔 이후로 부동산 투자를 하지 않고 있다. 약 20년 전 부동산 투자 억제를 위한 양도소득세법이 강화된 이후로는 여윳돈을 가지고 증권투자, 채권투자를 하며 은

행금리 수준의 수익을 거두고 있을 뿐이다. 물론 부동산을 포함하여 약 20억 원의 자산 보유만으로도 노후 준비에는 큰 문제가 없지만 서울 강남권, 제주, 부산, 지방 산업도시의 소형아파트에 관심을 가지고 투자를 했다면 지금보다 훨씬 더 여유로운 생활을 할 수 있으리라 판단된다. 보통 이런 유형의 사람들은 부동산 투자에 부정적인 견해를 가진 사람들이 많다.

> → 3~4억 원 내외의 여유자금이 있는 경우 서울 강남의 소형 주상복합단지의 저평가된 아파트 물건과 제주 서귀포 지역의 중대형 연립단지, 강릉지역 바다 조망권이 확보되는 고급 APT 등에 투자를 권유하고 싶다. 인생 100세 시대 인플레이션이 도래할 경우 현재는 충분해 보이는 20억 원도 안전망이 될 수 없기 때문이다.

* 한 번 투자 후 장기간 움직이지 않는 사람

지방의 도시에 2억 원대 주거용 아파트 1채를 보유하고 있고, 서울 상계동에 2010년경 1억 8천만 원대 아파트를 매수하여 약 1억 원의 차익을 거두고 있다. 차익실현이 가능한 지금까지 매도를 하지 않고 보유하고 있다. 재건축이 될 때까지 보유를 마음먹고 있다.

개발의 축이 서울 및 수도권의 경우 남부지역을 중심으로 이루어지고 있고 향후 몇 년간은 이러한 추세가 진행될 것 같은 상황에서 1억여 원의 투자 이익금을 회수하여 재투자하지 않는 것은 상대적으로 기회를 놓치는 행위로 적극적인 투자처 발굴노력이 아쉽다. 보통 이런 유형의 사람들은 새로운 투자처에 대한 확신이 서지 않기 때문에 움직이지 않는 경우가 많다.

→ 1억 원 내외의 여유자금이 확보될 경우 천안의 소형아파트, 산본의 소형아파트, 서울 관악구 오피스텔 등에 전세를 끼고 1~2채 투자를 권유하고 싶다.

자원도 없고 자본도 부족했던 우리나라가 빠른 시일 내에 고도의 성장을 하는 데 많은 기여를 했고 또 앞으로도 많은 역할을 해주어야 할 기업체 종사자들의 노후가 불투명해져 가고 있다. 기업들의 전반적인 성장 둔화에 따라 조직 내 승진이라는 메리트도 점차 축소되고 있어 개인 비전마저 희미해져 간다.

우리나라 기업체 종사자들의 급여는 단기적으로 공무원에 비해 많아 보인다. 하지만 현실적으로 짧은 근속 가능년수 등을 고려 시 노후를 준비하는 데 결코 충분해 보이지는 않음에도 불구하고 직장 생활 내내 그들은 소위 "많이 버는 만큼 많이 쓴다."

20여 년 이상 자리 유지하기 힘든 현실을 고려할 때 뭔가 대비책을 마련해야 함에도 직장 내에서는 재테크를 대놓고 말하기조차 쉽지 않다. 개인적으로 시간을 쪼개가며 노력한다고 해도 마치 회사에는 불충하는 시각으로 비춰지는 게 현실이다. 그럼에도 불구하고 현재 같은 저금리 상황하에서 기업체 종사자들에게 투자는 선택이 아닌 필수일 수밖에 없다.

틀에 박힌 교육에 오랫동안 길들여진 탓인지 작은 원칙조차 냉정하게 따져 보지 않고 광고/홍보에만 현혹되어 투자를 하는 경우가 많아 부동산 투자 또한 쉽지 않은 방법으로 보여 왔다. 한때는 투기라는 꼬리표까지 붙어 금기시해야 할 것으로 폄하되기까지 했다. 하지만 부동산투자는 다른 사람들의 경험을 바탕으로 자신만의 투자 원칙을 만들고 리스크에 대비한 노력을 조금만 기울인다면 자신들이 목표로 하는 결실을 거두는 데 충분한 도움이 되는 방안이 될 수 있다.

급속하게 변화하는 세상, 글로벌 환경마저 가속화되어 완벽한 재테크 방법을 찾기가 더더욱 어려워져 가고 있다. 부족한 사람들끼리 방법과 자료를 공유하며 최선의 방안을 찾아야 할 뿐이다. 개인 경험을 바탕으로 정리한 내용이 그러한 최선의 방안을 찾는 데 도움이 되길 바랄 뿐이다.

부동산은 '투기', 증권은 '투자'라는 용어가 잘 어울려져 왔다. 하지만 현실적으로 주변에 부동산을 통해 돈을 모았다는 사람은 많아도 증권투자를 통해서 돈을 모았다는 사람을 찾기가 쉽지 않다. "왜일까."라는 의문에 대해 조금은 이론적으로 접근을 시도해 보았다는 만족감은 개인적인 수확이다.

부동산 또한 미래를 알 수가 없기 때문에 투자를 하기 전에 소위 '점술'에 의존하는 경우가 많다. 필자의 경우도 예외는 아니었다. 그러나 지난 경험을 비추어 보면 우리가 중학교 때부터 알아왔던 '수요와 공급', '상대적 저평가', '희소성의 법칙' 등등 자연의 원리에 입각한 투자 원칙만큼 위대한 방법은 없다는 말씀을 드리며 이만 줄인다.

2016년 6월

송 슬

더 밝은 미래를 설계하는 '부동산 투자'를 통해 행복한 에너지가 팡팡팡 샘솟으시기를 기원드립니다!

권선복
(도서출판 행복에너지 대표이사, 한국정책학회 운영이사)

대내외적으로 불안한 경제 정세 속에서 대한민국은 21세기 무한 경쟁시대에 선진국으로의 진입을 눈앞에 뒀지만 서민들의 삶은 여전히 빡빡하기만 합니다. 이럴 때일수록 확실한 투자처를 찾아 미래를 대비해야 합니다. 특히 대한민국 경제의 핵심이라 할 수 있는 부동산의 흐름을 잘 파악하여 든든한 기반을 마련한다면 안정적으로 행복한 삶을 꾸려 나갈 수 있습니다. 하지만 잘못된 정보와 허황된 욕심 때문에 낭패를 보는 경우도 적지 않습니다. 현재의 상황에서 무엇이 최선인지를 파악하려는 노력과 냉철한 판단이 그 무엇보다 중요합니다.

책 『종잣돈 3천만 원으로 시작하는 부동산 투자 1년 2배의 법칙』
은 누구나 절약하여 모은 3천만 원의 종잣돈으로도 행복한 미래를
도모할 수 있는 방안을 자세히 소개하고 있습니다. 불황기에 접어들
었지만 부동산이 여전히 매력적인 상황에서, 내 집 마련을 평생의 꿈
으로 안고 살아가는 서민들이 자신의 입장에서 선택할 수 있는 최선
의 방안을 전합니다. 국내외 경기의 전반적 상황과 이해부터 시작
하여 다양한 사례와 깊은 연구를 통해 알찬 정보를 풀어내고 있습니
다. 많은 이들이 힘겨운 나날을 보내는 이때, 전국 방방곡곡에 행복
을 전파할 책을 내시는 저자에게 큰 응원의 박수를 보냅니다.

　행운은 아무런 준비 없이도 찾아오기도 하지만 행복은 준비 없이
는 절대 찾아오지 않습니다. 특히 부를 쌓는다는 건 많은 시간과 노
력이 필요합니다. "부자와 가난한 사람의 차이는 무엇일까?', '샐러
리맨은 부자가 불가능한가?' 등의 문제를 고민하며 소형 주거용 부
동산APT에 꾸준한 투자로 거둔 '2배의 법칙'과 관련한 내용"을 담은
책 『종잣돈 3천만 원으로 시작하는 부동산 투자 1년 2배의 법칙』을
통해 많은 이들이 안정되고 행복한 삶을 누리기 바랍니다. 또한 이
책을 읽는 모든 독자 분들에게 행복과 긍정의 에너지가 팡팡팡 샘솟
으시기를 기원드립니다.

'행복에너지'의 해피 대한민국 프로젝트!
〈모교 책 보내기 운동〉

대한민국의 뿌리, 대한민국의 미래 **청소년·청년**들에게 **책**을 보내주세요.

많은 학교의 도서관이 가난해지고 있습니다. 그만큼 많은 학생들의 마음 또한 가난해지고 있습니다. 학교 도서관에는 색이 바래고 찢어진 책들이 나뒹굽니다. 더럽고 먼지만 앉은 책을 과연 누가 읽고 싶어 할까요? 게임과 스마트폰에 중독된 초·중고생들. 입시의 문턱 앞에서 문제집에만 매달리는 고등학생들. 험난한 취업 준비에 책 읽을 시간조차 없는 대학생들. 아무런 꿈도 없이 정해진 길을 따라서만 가는 젊은이들이 과연 대한민국을 이끌 수 있을까요?

한 권의 책은 한 사람의 인생을 바꾸는 힘을 가지고 있습니다. 한 사람의 인생이 바뀌면 한 나라의 국운이 바뀝니다. **저희 행복에너지에서는 베스트셀러와 각종 기관에서 우수도서로 선정된 도서를 중심으로 〈모교 책 보내기 운동〉을 펼치고 있습니다.** 대한민국의 미래, 젊은이들에게 좋은 책을 보내주십시오. 독자 여러분의 자랑스러운 모교에 보내진 한 권의 책은 더 크게 성장할 대한민국의 발판이 될 것입니다.

도서출판 행복에너지를 성원해주시는 독자 여러분의 많은 관심과 참여 부탁드리겠습니다.

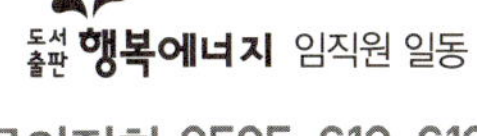

Happy Energy books

좋은 원고나 출판 기획이 있으신 분은 언제든지 행복에너지의 문을 두드려 주시기 바랍니다.
ksbdata@hanmail.net www.happybook.or.kr 단체구입문의 ☎ 010-3267-6277 도서출판 행복에너지

하루 5분, 나를 바꾸는 긍정훈련

행복에너지

'긍정훈련' 당신의 삶을
행복으로 인도할
최고의, 최후의 '멘토'

'행복에너지
권선복 대표이사'가 전하는
행복과 긍정의 에너지,
그 삶의 이야기!

인터파크
자기계발 분야 주간
베스트 1위

권선복 지음 | 15,000원

권선복

도서출판 행복에너지 대표
지에스데이타(주) 대표이사
대통령직속 지역발전위원회
문화복지 전문위원
새마을문고 서울시 강서구 회장
전) 팔팔컴퓨터 전산학원장
전) 강서구의회(도시건설위원장)
아주대학교 공공정책대학원 졸업
충남 논산 출생

책『하루 5분, 나를 바꾸는 긍정훈련 - 행복에너지』는 '긍정훈련' 과정을 통해 삶을 업그레이드하고 행복을 찾아 나설 것을 독자에게 독려한다.

긍정훈련 과정은 [예행연습] [워밍업] [실전] [강화] [숨고르기] [마무리] 등 총 6단계로 나뉘어 각 단계별 사례를 바탕으로 독자 스스로가 느끼고 배운 것을 직접 실천할 수 있게 하는 데 그 목적을 두고 있다.

그동안 우리가 숱하게 '긍정하는 방법'에 대해 배워왔으면서도 정작 삶에 적용시키지 못했던 것은, 머리로만 이해하고 실천으로는 옮기지 않았기 때문이다. 이제 삶을 행복하고 아름답게 가꿀 긍정과의 여정, 그 시작을 책과 함께해 보자.

『하루 5분, 나를 바꾸는 긍정훈련 - 행복에너지』

"좋은 책을 만들어드립니다"

저자의 의도 최대한 반영!
전문 인력의 축적된 노하우를 통한 제작!
다양한 마케팅 및 광고 지원!

최초 기획부터 출간에 이르기까지, 보도자료 배포부터 판매 유통까지! 확실히 책임져 드리고 있습니다. 좋은 원고나 기획이 있으신 분, 블로그나 카페에 좋은 글이 있는 분들은 언제든지 도서출판 행복에너지의 문을 두드려 주십시오! 좋은 책을 만들어 드리겠습니다.

| 출간도서종류 |
시·수필·소설·자기계발·
일반실용서·인문교양서·평전·칼럼·
여행기·회고록·교본·경제·경영 출판

도서출판 행복에너지
www.happybook.or.kr
☎ 010-3267-6277
e-mail. ksbdata@daum.net